马克思主义经典著作解读丛书

Makesi Zhuyi Jingdian Zhuzuo Jiedu Congshu

主编 / 王为全

马克思主义建党学说的新发展

《论“三个代表”》

解读

崔泽明、陈梅◎编著

中国出版集团

现代出版社

图书在版编目(CIP)数据

马克思主义建党学说的新发展：《论“三个代表”》解读 / 崔泽明，陈梅编著. —北京：现代出版社，2016.1（2025.1重印）

ISBN 978-7-5143-1863-0

Ⅰ. ①马… Ⅱ. ①崔… ②陈… Ⅲ. ①“三个代表”-研究
Ⅳ. ①D26

中国版本图书馆 CIP 数据核字(2014)第 071976 号

作　　者　崔泽明　陈　梅
责任编辑　王敬一
出版发行　现代出版社
通讯地址　北京市安定门外安华里 504 号
邮政编码　100011
电　　话　010-64267325 64245264(传真)
网　　址　www.1980xd.com
电子邮箱　xiandai@cnpitc.com.cn
印　　刷　三河市嵩川印刷有限公司
开　　本　700mm×1000mm　1/16
印　　张　12
版　　次　2016 年 1 月第 1 版　2025 年 1 月第 3 次印刷
书　　号　ISBN 978-7-5143-1863-0
定　　价　48.00 元

序　言

“三个代表”重要思想理论性、体系性、独创性强，价值理性更突出。这个理论确立为党的指导思想后，时间不长就提出了科学发展观，在主流媒体上似乎冲淡了对“三个代表”重要思想的宣传，今天仍然需要继续深入学习。

2001 年 8 月，中央文献出版社出版了《论“三个代表”》，该书以江泽民同志 2000 年 2 月在广东考察工作时的讲话《在新的历史条件下，我们党如何做到“三个代表”》为开卷篇，以 2001 年 7 月 1 日，《在庆祝中国共产党成立八十周年大会上的讲话》为结束篇，收录了江泽民同志从首次完整地提出“三个代表”，到“三个代表”重要思想形成期间的文稿 12 篇。

这些文稿，围绕进一步探索和回答在改革开放和发展社会主义市场经济条件下，“建设什么样的党、怎样建设党”这一重大问题，从“三个代表”重要思想提出的原因、历史背景和重要意义，以及“三个代表”重要思想的科学内涵、三者之间的辩证关系、如何按照“三个代表”的要求加强和改进党的建设等问题进行了深刻的阐述。对党的性质、宗旨和任务进行了符合时代特征的理论创新，充实和完善了新时期党的建设工作的新纲领，并结合我国改革开放的实践，首次完整地回答了新世纪建设一个什么样的党、怎样建设党的问题。

“三个代表”完整的表述是“中国共产党必须始终代表中国先进生

产力的发展要求，代表中国先进文化的前进方向，代表中国最广大人民的根本利益。”虽然我们对这几句话耳熟能详，但事情经常是这样，“熟知非真知”。对“三个代表”重要思想，不少人是从这三句话的论断去理解的，即认为这三句话是一个“论断”。这样理解当然对，但是还远远不够。“三句话”是核心内容，是整个理论的基点，但“三个代表”重要思想不限于这“三句话”，这个论断背后的一系列逻辑严密的理论，渗透在江泽民同志的一系列论述当中，三句话的后面是一个系统的科学理论。

党的十三届四中全会后的13年，以江泽民同志为主要代表的当代中国共产党人，准确把握时代特征，科学判断我们党所处的历史方位，围绕建设中国特色社会主义这个主题，集中全党智慧，以新的实践为基础，不断进行理论创新，逐步形成了“三个代表”重要思想。这个系统理论的主要代表作是《江泽民文选》，中央印发的《“三个代表”重要思想学习纲要》对“三个代表”重要思想作了系统的总结概括。

我们学习、研究和领会“三个代表”重要思想是怎样继承和发展马克思主义的，不仅要了解“继承和发展”的成果，更要总结“继承和发展”的经验。只有这样，才能在学习贯彻“三个代表”重要思想中，真正在认识上达到新的高度，在实践中取得新的成效。

深入学习和贯彻“三个代表”重要思想，对于我们今天紧密团结在以习近平同志为总书记的党中央周围，全面贯彻落实党的十八大、十八届二中、三中全会确定的大政方针有着重要的意义，这也正是“三个代表”重要思想在今天所具有的重大的现实指导意义。

由于时间仓促，水平有限，错误和疏漏在所难免，欢迎批评指正。鉴于体例的要求限制，很多参考、引用的文献都不能一一列出，在此向原作者深表歉意和谢意。是为序。

作　者

目 录

第一部分 篇章学习导读

第二部分 综述学习解读

第一部分　篇章学习导读

第一篇

在新的历史条件下，我们党如何做到“三个代表”

（二〇〇〇年二月二十五日）

《在新的历史条件下，我们党如何做到“三个代表”》，是《论“三个代表”》的开篇，在这篇重要文献中，江泽民同志第一次提出“三个代表”，并做了初步的概括论述。

2000年，人类又来到了一个新的世纪之交和新的千年之交。国内外形势出现新的变化，我国生产力的新发展和经济体制的深刻变革形成了新的实际，人民群众对物质文化生活提出新的发展要求，党员干部队伍发生了重大变化。面对新形势和新任务，怎样切实加强党的建设，是作为党和国家最高领导人的江泽民始终关注并长期思考的重大问题。2000年2月21日至25日，时任中共中央总书记、国家主席、中央军委主席的江泽民，在出席了广东茂名高州市领导干部“三讲”教育会议之后，在广东考察工作，围绕加强新时期党的建设和推进高新技术产业发展这两个题目进行调研。2 月 25 日，江泽民就有关问题发表讲话。本篇文献就是这次讲话的一部分。

讲话中江泽民提出了在经过发展变化了的新的历史条件下加强党的建设的一个重大理论和现实问题；总结了 20 世纪里中国人民奋斗的历史经验，第一次提出了“三个代表”思想；强调要从“四个紧密结合”的角度思考和解决如何当好“三个代表”的问题；对如何做到“三个代表”提出了要求和希望。

1. 提出了在经过发展变化了的新的历史条件下加强党的建设的一个重大理论和现实问题。江泽民指出：要把中国的事情办好，关键取决于我们党，取决于党的思想、作风、组织、纪律状况和战斗力、领导水平。这是毛主席、邓小平同志一贯强调的，也是我们党在领导人民进行革命、建设、改革的长期实践中得出的一条基本经验。能不能适应新形势新任务的要求，把我们党建设得更加组织严密、更加行动一致、更加团结有力、更加朝气蓬勃，这关系到党和人民事业的兴旺发达和国家的长治久安。

在对外开放和发展社会主义市场经济的条件下，我们党如何始终保持工人阶级先锋队的性质，更好地代表最广大人民的利益；在社会经济成分、组织形式、物质利益和就业方式多样化的趋势进一步发展的条件下，如何始终保持全党同志按照党的奋斗目标，按照国家和人民的最高利益来行动，维护和加强党的坚强团结与高度统一，这是我们在新的历史条件下加强党的建设的重大理论问题，也是重大现实问题。只有正确回答了这些问题，党的建设才能更好地向前推进。

2. 总结了 20 世纪里中国人民奋斗的历史经验，第一次提出了“三个代表”思想。江泽民指出：在 20 世纪里，我们党团结和带领全国各族人民，为实现民族独立、人民解放和国家富强、人民幸福，进行了长期的伟大斗争。我们党做出的杰出贡献，赢得了广大人民的衷心拥护。总结我们党七十多年的历史，可以得出一个重要的结论，这就是：我们党所以赢得人民的拥护，是因为我们党在革命、建设、改革的各个历史时期，总是代表着中国先进生产力的发展要求，代表着中国先进文化的前进方向，代表着中国最广大人民的根本利益，并通过制定正确的路线方针政策，为实现国家和人民的根本利益而不懈奋斗。人类又来到一个新的世纪之交和新的千年之交。在新的历史条件下，我们党如何更好地做到这“三个代表”，是一个需要全党同志特别是党的高级干部深刻思考的重大课题。

3. 强调要从“四个紧密结合”的角度思考和解决如何当好“三个代表”的问题。江泽民指出：思考这个问题，要紧密结合国内外形势的变化，紧密结合我国生产力的最新发展和经济体制的深刻变革的实际，紧密结合人民群众对物质文化生活提出的新的发展要求，紧密结合我们党员干部队伍发生的重大变化。因为我们党是代表先进生产力的发展要求的，所以全党同志的一切奋斗，归根到底都是为了解放和发展生产力，党的一切方针政策都要最终促进生产力的不断发展，促进国家经济实力的不断增强；因为我们党是代表先进文化的前进方向的，所以全党同志必须始终坚持马克思主义为指导，努力继承和发展中华民族的一切优良的文化传统，努力学习和吸收一切外国的优秀文化成果，从而不断地创造和推进中国特色社会主义文化，使社会主义物质文明和精神文明协调发展，使社会全面进步；因为我们党是代表最广大人民群众的根本利益的，所以全党同志的一切工作都是全心全意为人民服务的，都是为了实现好、发展好和维护好人民的利益，任何脱离群众、任何违反群众意愿和危害群众利益的行为，都是不允许的。所有的共产党员和领导干部，都要深刻认识和牢牢把握这“三个代表”，用以指导自己的思想和行动，这样才能使自己真正成为一个合格的党员，合格的党的领导干部。江泽民说：今天提出这个问题，请大家从理论上和实践上共同加以研究。

4. 对如何做到“三个代表”提出了要求和希望。江泽民指出：我们党的党员已经达到6000多万，这么大的一支队伍，要管理好不容易。现在党的建设同新形势新任务不相适应的地方还相当不少，党内在思想上、组织上、作风上存在的不符合甚至违背党和人民利益的问题也相当不少。在加强党的建设方面，我们需要研究解决的新情况新问题也不少。各级党委都要根据当地党的建设的实际情况，确定一批关系党建工作全局的重要题目，深入进行调查研究，摸清情况，并制定加强工作的措施，把党建工作扎扎实实地推向前进。

改革和建设的任务越是繁重，各级领导干部越要牢固树立和大力发扬艰苦奋斗、脚踏实地、埋头苦干的工作作风。这也是我们党对领导干部的一贯要求。……所有干部特别是年轻干部思想上必须十分明确，当干部，当领导，都是要为党和人民的利益工作的，都要时刻准备着为党和人民牺牲与贡献自己的一切，这是每个共产党员的光荣。……共产党员特别是领导干部都要忠心耿耿、任劳任怨地为党和人民而工作而奋斗，有了这种精神，就一定能够在工作中作出成绩，党和人民也不会忘记你，对你取得的工作成绩一定会有公正的评价的。

本篇第一次提出了“三个代表”重要思想，是认识、学习、了解“三个代表”重要思想的必读篇章。从本篇中，我们可以读出，江泽民同志始终是从中国共产党和中国人民事业的兴旺发达和国家的长治久安的角度，来思考中国共产党在新的世纪里面临的一系列重大挑战的。本篇讲话阐述了“四个多样化”即社会经济成分、组织形式、物质利益和就业方式多样化的趋势给中国共产党带来的影响，总结了中国共产党在20世纪为实现民族独立、人民解放和国家富强、人民幸福而不懈奋斗的历程，正是出于这种深沉的历史感、神圣的责任感、强烈的使命感和忧患意识，江泽民创造性地提出了“三个代表”重要思想。文中强调中国共产党要从“四个紧密结合”的角度思考和解决如何当好“三个代表”的重大问题，具有重大的理论意义和很强的现实意义。这篇讲话既是江泽民从党的十三届四中全会以来尤其是十四大以来进行一系列理论创新的结果，同时又是江泽民继续思考、完善“三个代表”、继续实现理论创新的一个新的起点。

第二篇

“三个代表”是我们党的立党之本、执政之基、力量之源

（二〇〇〇年五月十四日）

本篇是江泽民同志在江苏、浙江、上海党建工作座谈会上讲话的主要部分，是在第一次提出“三个代表”仅两个多月后，对“三个代表”重要思想做了较为系统的进一步阐述。

本篇主要讲了两个方面的内容：一是关于按照“三个代表”的要求切实加强党的建设；二是关于把“三个代表”的要求贯彻落实到党的全部工作中去。

1. 江泽民指出，始终做到“三个代表”，是我们党的立党之本、执政之基、力量之源。按照“三个代表”的要求抓党的建设，同新时期党的建设新的伟大工程的总目标总要求是一致的。推进党的思想建设、政治建设、组织建设和作风建设，都应贯穿“三个代表”的要求。……围绕不断提高领导水平和执政水平、增强拒腐防变和抵御风险的能力这两大历史性课题，全面推进党建工作。

我国处在社会主义初级阶段。坚持和完善社会主义公有制为主体、多种所有制经济共同发展的基本经济制度；坚持和完善社会主义市场经济体制；坚持和完善按劳分配为主体的多种分配方式；深化改革，扩大开放，推进“两个根本性转变”，这些都是现阶段进一步解放和发展我

国社会生产力，调动广大人民群众积极性的必然要求。在新的历史条件下，我国社会生活发生了广泛而深刻的变化，社会经济成分、组织形式、利益分配和就业方式等的多样化还将进一步发展。这必然会给我国政治、经济、社会、文化生活带来深刻影响，给我们党执政和领导各项事业提出新的更高要求。充分认识和准确把握我国社会已经和正在发生的深刻变化，对加强新时期党的建设具有重大意义。

文中江泽民举了4个例子加以分析。比如，在计划经济体制下，国家基本上全部承担了城市居民的就业要求，农村人口也全部组织在当时那种集体经济的体制中。党员、群众基本上都在政府直接管理的部门或单位中工作，党的组织和领导主要通过从上到下组织严密的部门和单位来实施。现在，在党政事业机关和国有企业之外，出现了新的经济组织和社会活动领域。很多人在非公有制经济领域中就业，不少人自谋职业。农村实行承包责任制，农民与基层组织的关系也与过去不同了。市场经济的发展，使人们在就业和生产经营活动方面的流动性比过去大大增强。在这种情况下，完全依靠过去的方式实施党的领导，显然是不够的。党的领导如何更加切实有效地覆盖社会和市场发展的广泛领域，是一个我们必须认真研究解决的重大问题。

又比如，我国工人和农民以及其他社会阶层，在就业、分配等方面出现了多样性。既有在国有企业工作的职工，也有在非公有制企业中工作的职工；既有在技术、知识、资本密集的企业工作的职工，也有在劳动密集的企业工作的职工；还有相当一部分困难企业的职工和下岗职工；既有收入较高的职工，也有收入较低的职工。农村也出现了农民企业家、乡镇企业职工、专业户、进城务工的农民和继续在农村务农的农民，部分地区农村还存在相当数量的贫困人口。我国各族人民的根本利益是一致的，这就是推进建设中国特色社会主义事业，不断增强我国的综合国力，不断改善物质文化生活。但是，由于劳动性质、就业方式、收入分配等条件的变化，不同地区、不同部门、不同职业、不同方面的群众的具体利益又会有这样那样的差别。在这样的情况下，党如何更好地代表全体人民的根本利益和不同社会群体的具体利益，如何按照效率优先、兼顾公平的原则处理好效率与公平的关系，也是一个关系到党的领导能否有效实施的重大问题。

再比如，全国现在私营企业近150万家，个体工商户3100多万户，从业人员1．3亿人。无论从经济实力上看还是从人数上看，分量都不轻。在公有制为主体、多种所有制经济共同发展的格局下，非公有制企业在活跃城乡经济、满足社会多方面需要、增加就业、促进国民经济发展等方面发挥着重要作用。非公有制经济是我国社会主义市场经济的重要组成部分。我们必须坚持共产党的领导，国有经济必须控制国民经济命脉并对经济发展起主导作用，同时应该积极鼓励和引导非公有制经济健康发展，促进它们在国内外市场竞争中增强竞争力，完善企业管理，提高技术水平和产品档次。而这也给我们提出了一个新的课题，就是如何加强党在这些领域中的领导，切实把这些领域的群众团结和组织在党的周围。

还比如，随着改革的深化和市场经济的发展，物质利益的多样化是不可避免的，群众产生不同的利益要求也是不可避免的。这些利益要求，不仅会在群众的工作和生活中表现出来，也会在我们工作的不同领域和部门表现出来。这不仅要求我们党的方针政策更好地保证和满足群众实现自己的合理利益要求，也要求党更好地发挥总揽全局、协调各方的领导作用，把全体人民和各方面的积极性充分调动起来，为实现共同的目标而奋斗。

江泽民指出，希望大家紧密结合实际，加紧进行思考和研究，积极探索在新形势下加强党的建设的有效途径和办法。要把“三个代表”的要求贯彻落实到党的基层组织建设的各项工作中去。党的基层组织是党的全部工作和战斗力的基础。要防止出现“基础不牢，地动山摇”的情况。加强党的基层组织建设的工作，必须坚持不懈地抓下去，一刻也不能放松。一定要使分布在全国各条战线、直接联系着社会各阶层群众的基层党组织，不仅能在平时改革、发展、稳定等工作中发挥积极作用，而且在遇到突发事件、面临各种政治风浪时也能显示出强大的战斗力。我们国家大，党员队伍大，社会情况复杂，一点问题不出是不可能的。但是要力争做到少出问题，出了问题能想办法及时解决。

要紧紧围绕推进国有企业改革和发展加强企业党组织建设。我们党是工人阶级的先锋队，全心全意依靠工人阶级是党和国家的一条根本方针。无论现在和将来，我们党要始终保持自己的工人阶级先锋队性质不变，始终做到“三个代表”，就必须全心全意依靠工人阶级，充分发挥广大职工群众的积极性、主动性和创造性，团结带领广大职工走在企业发展和国家现代化建设的前列。在国有企业建立现代企业制度的改革中，党对国有企业和国有控股企业的政治领导，企业党组织的政治核心作用，都必须坚持，不能有任何削弱。把加强党的建设和建立现代企业制度统一起来抓，正是增强企业活力、创建有中国特色现代企业制度的内在要求。企业党组织的活动和党建工作，必须围绕企业改革和生产经营来进行。

江泽民指出，党的农村基层组织是农村各种组织和各项工作的领导核心。我国农业和农村经济的发展，已进入以主要农产品由长期短缺向阶段性、结构性相对过剩转变为特征的新阶段。县（市）以上党委，要帮助农村基层党组织尽快适应这个新变化，大力提高党支部一班人的素质，增强群众观点和政策观念，掌握市场经济知识和农业科技知识，学会依法行事，认真改进作风。农村基层党组织应坚决贯彻执行党在农村的基本政策，同时重视扶持农村改革中出现的新事物，积极带领农民群众深化农村改革，调整好农业结构，帮助农民增收减负，维护农村社会稳定，加快致富奔小康的步伐。要从当地的实际出发，通过多种形式逐步发展壮大集体经济，这是提高农村基层组织的集体服务功能，增强党在农民群众中的凝聚力的需要。有了一定的集体经济实力，村集体能够为农民群众的生产经营和运用科技等提供更多的服务，这样村党支部才会在群众中形成更大的凝聚力、号召力。

要抓紧开展非公有制经济组织中党的建设工作。在非公有制企业开展党建工作是一个新领域。抓紧在非公有制经济组织开展党的工作，加强党的建设。这是我们党确立和巩固社会主义初级阶段基本经济制度，引导非公有制经济健康发展的需要，也是加强党同在非公有制企业劳动的广大职工群众的联系，巩固党在新形势下执政的阶级基础、群众基础的需要。党组织要按照政策积极做好团结、教育、引导私营企业主的工作，把他们团结在党组织的周围，使他们支持在企业中建立党组织，拥护党的各项政策，依法经营企业，关心和保障职工权益，为国家和社会作出贡献。

要切实加强街道社区党的建设。搞好社区党的建设，实质就是打牢党在城市工作的组织基础和群众基础。要从城市社区的特点出发，围绕精神文明建设、群众思想政治工作、社会治安综合治理、社区服务、密切党同群众的联系，提高市民素质和城市文明程度等来积极开展党建工作。

我们党长期形成的建设基层组织的行之有效的好传统、好经验、好做法必须坚持，同时又必须以改革的精神研究和解决新问题，坚持在实践中加强，在加强中不断探索新形式、新途径、新方法。这种实践和探索，要坚持有利于党始终做到“三个代表”，党的基层组织充分巩固了，战斗力和凝聚力大大提高了，就可以保证党的各项工作更好地开展。

关于把“三个代表”的要求贯彻落实到党的全部工作中去，江泽民从4个方面提出了要求。他指出，坚持“三个代表”，是我们党的工人阶级先锋队性质、根本宗旨、根本任务的集中体现，是对党的各级组织和全体党员、干部提出的根本要求。全党同志特别是领导干部都要用“三个代表”来指导自己的思想和行动。党的各项工作，都要坚持、体现和贯彻“三个代表”的要求。

第一，要坚持把“三个代表”的要求落实到坚定正确地执行党的路线方针政策中去。我们党要始终做到“三个代表”，保持自己的先进性，关键取决于党的理论和路线的正确。贯彻落实党的路线方针政策，一定要全面，善于把握大局，防止顾此失彼。坚持“一个中心、两个基本点”的基本路线，坚持以公有制为主体、多种所有制经济共同发展的基本经济制度，坚持“两手抓、两手都要硬”方针等，都要全面落实好。我们在任何时候都必须牢记和坚持“三个代表”的要求，善于及时识别和排除违反“三个代表”的错误言行的干扰，保证党的路线方针政策顺利贯彻执行。

第二，要坚持把“三个代表”的要求落实到党的各项工作中去。每一个领导干部，都要结合自己所在地区、部门的实际，创造性地开展工作，使党的路线方针政策和中央的工作部署真正落到实处。我们党在思想政治上的统一，首先体现在全党坚定地忠诚地执行党的基本路线和总方针、总政策上。事物总是处在矛盾运动和变化之中的。我们要善于根据客观情况的变化，及时察觉和研究前进中的新问题新矛盾，不断从人民群众在实践中创造的新鲜经验中吸取营养，不断改进和完善自己的工作。要提高执政水平和领导水平，这是一条重要原则。

马克思、恩格斯、列宁、毛主席，都善于根据实际情况的发展变化，提出新的思想和理论。马克思列宁主义理论不可能是静止不变的，静止不变，就会变成没有生命力的教条。马列主义、毛泽东思想不发展，就不可能有改革开放新政策的产生，就不可能有建设中国特色社会主义新道路的开辟。我们建设中国特色社会主义，许多问题没有本本可以找，需要运用马克思主义的基本原理在分析和总结新的情况和新的实践中求得解答。死搬教条，不顾实践发展提出的新要求，就不能前进。

要坚持理论联系实际，进一步解放思想，实事求是，大胆创新，开拓进取，绝不能因循守旧，固步自封。我们现在遇到的矛盾和问题很多，而且错综复杂、相互交织，但归根到底，是要正确认识和妥善处理新的历史条件下解放和发展社会生产力与调整完善生产关系，根据经济基础的发展自觉改革和完善上层建筑中不相适应部分的问题。这就要求全党同志在贯彻党的理论、路线和方针政策时，在从事的各项事业中，都要牢记落实“三个代表”的要求，看看我们所采取的措施、所做的工作，是不是符合“三个代表”的要求，符合的就毫不动摇地坚持，不完全符合需要调整补充的积极调整补充，不符合的就勇于实事求是地纠正，以利改革和建设不断向前迈进，充分体现共产党人的先进性和时代精神。

第三，要坚持把“三个代表”的要求落实到建设一支高素质的干部队伍中去。我们党要做到“三个代表”，关键在于建设一支能够适应新形势新任务要求的高素质领导干部队伍，特别是要培养和选拔好跨世纪担当重任的一批接班人。

培养选拔年轻干部工作，要贯彻党的政治路线的要求，保证政治路线的贯彻执行。年轻干部要到艰苦的地方去经风雨、见世面。越是勇于到环境艰苦、困难多的地方和岗位去工作的干部，往往越能在意志、才能和品德等方面得到锻炼，成长也较快较稳定。对各条战线人才的要求标准，总的都是德才兼备，但“德”与“才”都不是抽象的，由于工作战线、事业领域的不同，“德”与“才”的要求也都应结合实际加以具体化。在发现人才上要强调“不拘一格”，在使用人才上要强调“用其所长”。这都是古往今来在选人用人上的一些重要经验。人才是一个国家发展最重要的资源。当今世界，争夺人才的竞争异常激烈。要下定决心，加大力度，促进干部人事制度改革的进一步展开和深化，把党管干部的原则同改进管理干部的方法结合好，努力形成优秀人才脱颖而出、健康成长的机制和一整套办法。

第四，要坚持把“三个代表”的要求落实到从严治党中去。我们党已经有6300万名党员，50万名县处级以上领导干部。只有首先把党员、干部队伍教育管理好了，党自身巩固和坚强了，才能执好政，治好国，办好社会主义现代化事业。

各级党委要切实负起责任，把从严治党的方针贯穿于党的思想、政治、组织、作风、纪律、制度建设的各个方面，切实落实到对各级党组织、广大党员和干部进行教育、管理、监督等各个环节中去。对同志要有必要的宽容，但不能放弃原则。“严是爱，宽是害。”我们看人，不可能都看得十分准确。就是看准了的人，其思想也会发生变化。有一点必须坚持，就是如果一个干部特别是自己曾经信任和重用过的干部出了问题，绝不能护短。

要坚决克服党内政治生活中存在的好人主义和庸俗作风。从严治党，必须严格执行党的制度。对党内已经确立的制度要严格执行，同时要根据实践的发展，不断健全各项制度，形成一套从严治党的制度机制。对领导干部一定要严格要求、严格管理、严格监督，经常开展积极健康的批评与自我批评。对干部的教育监督，要“小”中见“大”，发现不良苗头及时提醒。要把严格执纪执法和加强思想教育结合起来，建立并完善思想道德建设和党纪国法约束两道防线，努力把党内违纪违法行为和腐败现象逐步减少到最低限度。

江泽民强调，事物的差别性总是存在的。我们国家大，各地条件千差万别，发展是不平衡的。沿海地区，有条件的要继续加快发展，努力率先基本实现现代化。同时在沿海地区特别需要在广大干部群众中认真开展“致富思源、富而思进”的教育，激励他们在改革和建设中不断创造新的业绩，为全国各地的发展不断作出新的贡献。新中国成立以来，中西部地区以及东北老工业基地为国家建设作出了重大贡献，应该支持它们加快发展。实施西部大开发战略，加快中西部地区的发展，是中央从21世纪我国经济和社会发展全局出发提出的战略决策，沿海地区的同志必须充分认识做好这项工作的重大意义，积极帮助和支持中西部地区加快发展。

在新的历史条件下，按照“三个代表”的要求来加强党的建设，既是一项紧迫的现实任务，也是一项长期的历史任务，要贯穿于我们党领导人民进行现代化建设的全过程。加强新时期党的建设，落实“三个代表”的要求，首先要进行调研，摸清情况。重视和善于调查研究，是我们党的优良传统。调查研究是我们的“谋事之基，成事之道”。如果我们不深入了解实际情况，凭一知半解，靠老经验、想当然作决策、指挥工作，没有不失败的。我们党要做到“三个代表”，必须做到能够切实把握并领导他们的实践，始终走在我国经济和社会发展的前列。

本篇具有重要的理论价值和实践意义。文中提出了按照“三个代表”的要求切实加强党的建设，这标志着中国共产党形成了新时期全面加强党的建设的纲领。江泽民指出：要坚持把“三个代表”的要求落实到坚定正确地执行党的路线方针政策中去，落实到党的各项工作中去，落实到建设一支高素质的干部队伍中去，落实到从严治党中去。这些论述，都有很强的针对性，是我们加强党的建设必须遵循的原则。讲话提出了加强国有企业党建工作、非公有制企业党建工作等一系列加强党的基层组织建设的最大问题。尤为重要的是，江泽民提出：现在的私营企业主，是在我们党的改革政策和带头致富号召下发展起来的，许多人本来就是劳动者。党组织要按照政策积极作好团结、教育、引导他们的工作，把他们团结在党组织周围，使他们支持在企业中建立党组织，拥护党的各项政策，依法经营企业，关心和保障职工权益，为国家和社会作出贡献。在这里，江泽民把私营企业主看成是劳动者，这一思想成为 2001 年 7 月 1 日论述我国社会阶层构成发生新变化时提出许多社会阶层中的广大人员“也是中国特色社会主义事业的建设者”的理论先声。这里虽然没有展开论述，但已预示着“不断增强党的阶级基础和扩大党的群众基础”这样一个重大理论创新的来临。

第三篇

加紧培养适应新世纪要求的中青年领导干部

（二〇〇〇年六月九日）

历史和现实一再证明，无论是政党还是国家，能不能不断培养出优秀的领导人才，在很大程度上决定着这个政党、国家的兴衰存亡。中国的社会主义事业能不能不断巩固和发展，中国能不能在未来激烈的国际竞争中保持发展和上升的势头，不断壮大自己，能否不断培养和造就一大批高素质的领导人才是关键因素。为了部署贯彻中央作出的面向21世纪加强和改进党校工作的决定，2000年6月，中共中央召开了全国党校工作会议。时任中共中央总书记、国家主席、中央军委主席的江泽民同志出席了大会。6月9日，江泽民在会上就加紧培养适应新世纪要求的中青年领导干部问题发表讲话。本篇就是这次讲话的全文。

江泽民指出，不断培养中青年领导干部，始终是我们党的一项战略任务。全党同志必须认清当前国内外形势的新情况新特点，认清我们党在新的世纪里所要完成的繁重任务，认清我们党的建设的实际状况，从而进一步认识到培养造就一大批适应新世纪要求的中青年领导干部的极端重要性和紧迫性。

首先，江泽民分析了面临的形势和培养中青年干部的重要性和紧迫性。

从国际形势看，这些年来，世界上发生了不少事，天下仍很不太平，霸权主义和强权政治有新的发展，但各国人民要和平、求发展的时代大趋势没有变。当今各国特别是大国之间的关系，集中表现为包括经济实力、科技实力、国防实力、民族凝聚力在内的综合国力的较量与竞争。这种全球政治和经济发展的特点，在21世纪将持续很长一段时间。西方敌对势力不愿意看到社会主义中国发展壮大，加紧对我国实施“西化”“分化”的战略图谋不会改变，我们与西方敌对势力在渗透与反渗透、颠覆与反颠覆方面的斗争将是长期的复杂的，有时甚至会是十分尖锐的。我们必须保持高度警惕，善于把握大局，审时度势，既要坚持原则立场，又要讲求斗争艺术，坚定地抓住机遇加快我国的发展，坚决维护我国的利益和安全。

从国内形势看，我国社会主义现代化建设将进入一个新的发展时期。我国现处在社会主义初级阶段。这个初级阶段，总的目标是到21世纪中叶基本实现社会主义现代化，实现中华民族的伟大复兴。我们要在胜利完成第二步战略目标的基础上，开始实施第三步战略目标，全面建设小康社会并继续向现代化目标迈进。我们有信心、有条件、有能力完成这一任务。但是我们也应清醒地认识到，完成这个任务有难度有风险，具有很大的艰巨性和复杂性。

从党的建设看，加强和改进党的建设，解决党内存在的突出问题，还有大量工作要做。

当前，党的干部队伍又处在一个新老交替的重要时期。党的十一届三中全会以来，我们按照“革命化、年轻化、知识化、专业化”的要求，采取积极措施，培养和选拔了大批优秀年轻干部。现在各部门、各地区的领导干部都是在80年代或90年代，从当时比较年轻的同志中选拔出来的。与20年前相比，我们干部队伍的平均年龄降下来了，文化程度提上去了，有了很大的变化。这几年和今后几年新老干部交替的数量比较大。这个新老交替的工作一定要做好。我们选人要力求选得准，选上来后培养、帮助和监督工作要抓得很紧。

现在，我们党在一个有12．6亿人口的大国中执政，要在复杂的国内外形势下带领全国各族人民推进艰巨的现代化事业，没有一大批德才兼备的领导干部，肯定是不行的。当今和未来的世界竞争，从根本上说是人才的竞争。这种人才竞争是全面的，包括领导人才在内的各个方面各个层次的人才，都面临着各种竞争和斗争的检验与考验。中国的社会主义事业能不能巩固和发展下去，中国能不能在未来激烈的国际竞争中始终强盛不衰，关键就要看我们党能不能不断培养造就一大批高素质的领导人才。

各级党的组织和全党同志都应按照“三个代表”的要求，全面加强和改进党的建设，使我们党永远立于不败之地，永远得到全国各族人民的衷心拥护并带领人民不断前进。在实行改革开放和发展社会主义市场经济的条件下，“建设一个什么样的党、怎样建设党”，是一个重大的现实问题，直接关系到我们党和国家的前途命运。

江泽民希望全党同志特别是高级干部要结合“三个代表”的要求，认真回顾我们党的奋斗历程，认真思考我们党在长期实践中取得的正反两方面历史经验，特别要认真思考改革开放以来我们党为什么能经受住国内外各种风险考验的基本经验，思考怎样解决我们党内存在的问题、更好地带领人民完成跨世纪发展的任务。把这些问题想好了，思路和工作方向都明确了，加强新时期党的建设，培养造就一大批中青年领导干部的工作，就可以做得更好。

江泽民指出，我们党是在日益复杂的国内外环境中履行执政职能，制定各项政策和开展各项工作的。我们在前进道路上不可能一帆风顺，必然会遇到来自国内外的各种困难和风险。这些年来，我们积累了一条重要的经验：形势越复杂，任务越繁重，斗争越尖锐，我们就越要坚持邓小平理论和党的基本路线、基本方针、基本纲领，坚定不移地集中精力把经济建设搞上去，坚定不移地为实现党在社会主义初级阶段的总目标和总任务而不懈奋斗。不论发生什么事情，这些基本的东西都不能变。这就是我们的主心骨。各级领导干部都要从思想上理论上牢固地确立这些基本的东西，从而在处理纷繁复杂的问题时有一个主心骨。要努力培养出一大批政治上坚定、具有抵御各种风险的能力、善于驾驭复杂局面的优秀年轻干部。

在培养中青年领导干部这项重大任务中，党校应该也完全可以发挥重要的作用。党校工作是党的事业的重要组成部分，搞好党校教育对于党和国家的发展具有现实和长远的重要意义。各级党校的工作，都要自觉地同党和国家的大局联系起来。各级党校的同志都要从国内外的形势发展和党的建设的实际要求出发，兢兢业业地做好工作，为培养中青年领导干部多作贡献。

其次，关于提高党的各级领导干部的思想政治素质。

江泽民指出，建设好我们的党，首先要提高党的各级领导干部的思想政治素质，特别是要努力提高中青年领导干部的思想政治素质，使之成为忠诚于马克思主义、坚持走中国特色社会主义道路、会治党治国的新一代政治家。第一，要大力加强中青年领导干部的党性修养，使他们始终坚持全心全意为人民服务的根本宗旨。广大中青年领导干部要通过党的历史和马克思主义党建理论的系统学习，通过党性党风教育，不断提高自身的政治素质。最重要的是要树立起全心全意为人民服务的思想，自觉加强党性修养，胸有大志，脚踏实地，诚心诚意地为人民谋利益，做一个党的好干部、人民的好公仆。

第二，要大力拓宽中青年领导干部的视野，使他们能够善于观察世界大势和正确把握时代要求。全党同志特别是中青年领导干部务必加强学习和实践，使自己具有开阔的视野，学会敏锐地观察世界政治、经济、科技、文化等各种变化，始终走在时代发展、改革开放和现代化建设的前列。历史上，不看世界发展的大势，固步自封，作茧自缚，导致国家和民族衰亡的例子比比皆是。

第三，要大力培养中青年领导干部的战略思维能力，使他们善于从实际出发不断研究解决改革、发展、稳定中的重大问题。我们党高度重视理论学习和研究，就是为了用正确的理论去指导实际问题的解决。坚持理论联系实际，注重研究带全局性的战略问题，是我们党的优良传统。要以我国改革开放和现代化建设的实际问题、以我们正在做的事情为中心，着眼于马克思主义理论的运用，着眼于对实际问题的理论思考，着眼于新的实践和新的发展。各级领导干部包括中青年领导干部要通过一系列调查研究和战略问题研讨，增长研究解决重大现实问题的才干，养成对重大现实问题进行战略思考的能力。

第四，要大力提高中青年领导干部的理论素养，使他们真正掌握马克思主义的立场、观点和方法。努力提高各级领导干部特别是中青年领导干部的马克思主义理论水平，是党的事业不断开拓前进的必然要求，也是中青年领导干部自身成长的必然要求。要使领导干部能够始终坚持并正确运用马克思主义的基本原理，又能够不断吸取新经验新思想，不断增强科学精神和创新精神，敢于和善于创造性地开展工作。各级领导干部特别是中青年领导干部都具备了这样的理论素养，我们未来的事业就大有希望了。

再次，关于如何培养选拔干部。

江泽民指出，全党同志特别是高级干部，要有战略眼光，要有老一辈无产阶级革命家的那种高瞻远瞩和宽阔胸襟，切实把培养造就一大批适应新世纪要求的中青年领导干部这项重大的政治任务完成好。选人不拘一格，用人用其所长。选拔中青年领导干部，要解放思想，坚决破除论资排辈、求全责备、迁就照顾等陈旧落后的观念，不拘一格选人才。看人要看大节、看主流、看发展，不能求全责备。任用干部，要坚持德才兼备的原则。具有坚定的政治立场和信念，具有真才实学和开拓精神，这些都是基本要求。但“德”和“才”都不是抽象的，而是具体的。衡量一个干部是否符合“德”“才”标准，既要看本人的素质，更要看工作实绩。我们的原则应该是：坚持任人唯贤，反对任人唯亲；既要德才兼备，又不求全责备；既要坚持标准，又要不拘一格。要不断深化干部人事制度改革，形成干部能上能下的机制，用制度为优秀年轻干部脱颖而出，健康成长创造良好的环境和条件。

江泽民说，中青年领导干部的健康成长，自身努力是内因，党组织培养是外因，内因与外因要紧密结合。培养，在干部的成长过程中有着重要的作用。培养有多种方式。理论教育和学习是培养，基层锻炼是培养，使用也是培养，而且是更重要的培养。实践证明，把年轻干部放到一些关键岗位、艰苦环境和情况复杂、矛盾突出、困难较多的地方去锻炼和培养，对他们的提高和成熟很有好处。领导干部必须经受考验。年轻干部如果不知艰苦，不经过摔打，很可能就成为温室里的花朵，是经不起什么风浪的。从积累领导经验的角度讲，使用是最好的培养，是提高和识别干部的最好方法。

江泽民指出，我们从事的事业是空前广大的，需要的人才是多方面的。政治、经济、文化、科技、教育、军事、外交等各方面的工作要针对不同部门、不同工作的特点来进行。应努力形成各方面人才百舸争流、各显其能的局面。一批批优秀中青年领导干部茁壮成长，才能得到充分发挥，我们的事业才有不断成功的把握。

江泽民说，通过党校和各种类型的干部学校培训干部，是培养和提高干部的重要途径。各级党委要加强对党校工作的领导，充分发挥好党校在培养中青年领导干部中的作用。各级党校都要坚持从严治校，加强教学和学员的管理，不断提高教师的素质和教学质量。为了做好党的工作，每一个领导干部都必须学习、学习、再学习。各级党委都要从党的事业的大局来考虑干部的学习问题，合理安排好工作与学习的时间，保证中青年领导干部到党校进行脱产培训轮训。干部在党校学习的状况，应作为干部使用和选拔的重要依据，把对干部的培训轮训与对干部的使用结合起来。这一工作，坚持下去，必有好处。

本篇联系中国共产党面临的国际国内形势，联系党在新世纪肩负的历史使命，阐述了培养适应跨世纪要求的中青年领导干部的重要性紧迫性。提出了如何培养中青年领导干部的若干措施，对于建设高素质干部队伍具有很强的指导意义和现实意义。

第四篇

不断根据实践的要求进行创新

（二〇〇〇年六月二十日）

本篇是论述按照“三个代表”要求推进理论创新、制度创新、科技创新的重要文献。

2000年6月14日至19日，江泽民同志先后在宁夏、甘肃考察，重点就加强新时期农村党的建设和西部大开发进行考察。考察途中江泽民听取了两地党委、政府的工作汇报。他表示，宁夏、甘肃的广大干部群众，在党委、政府的领导下，坚决贯彻落实党的十五大精神和中央的各项部署，结合自己的实际，艰苦奋斗，开拓进取，促进经济增长，积极研究和实施西部大开发战略，党的建设、民主法制建设、精神文明建设都取得了新的成绩。西部地区广大干部群众的艰苦创业，为国家作出了重大贡献。

6月20日，江泽民在兰州主持召开西北五省区党建工作和西部开发座谈会，并发表了重要讲话。本篇就是这次讲话的一部分。

关于创新的意义。江泽民指出，创新是一个民族的灵魂，是一个国家兴旺发达的不竭动力，也是一个政党永葆生机的源泉。最近，我在两院院士大会上特别强调了在全党和全社会大力弘扬科学精神的问题，也就是要使实事求是、探索求知、崇尚真理、勇于创新的精神在全党全社会大大发扬起来，推动党和国家的各项工作创造性地向前发展。

江泽民首先论述了创新的类型和功能。他指出：创新，包括理论创新、体制创新、科技创新及其他创新。20 多年来，我们党领导人民进行改革开放和现代化建设取得的伟大成就，都是与我们不断进行的理论创新、体制创新、科技创新等分不开的。邓小平理论的形成和发展，就是我们党在新时期坚持理论创新的集中体现和取得的最伟大的成果。其他的一切创新都是在这种理论创新的指导下和推动、影响下进行的。现在，面对国际国内的新情况新问题，我们必须继续坚持以马列主义、毛泽东思想、邓小平理论为指导，坚持党的一切从实际出发，解放思想，实事求是的思想路线，紧跟时代发展的潮流，不断研究新情况，解决新问题，形成新认识，开辟新境界。

关于根据实践的要求推进理论创新、体制创新、科技创新。江泽民论述了新形势下体制创新的内涵和任务。指出：我们进行体制创新，就是要不断完善适应发展社会主义市场经济、全面建设中国特色社会主义要求的各方面的体制。经过改革开放以来特别是党的十四大以来的不断探索和努力，我们已经初步建立了社会主义市场经济体制的基本框架，要使这种新的经济体制达到比较完善、比较成熟，还需要解决一系列深层次的问题。以公有制为主体、多种所有制经济共同发展的格局需要进一步从制度上加以完善，以建立现代企业制度为重点的国有企业改革需要有新的突破，规范的统一的全国市场有待进一步建立和完善，适应加入世界贸易组织要求的经济技术竞争和合作机制、按劳分配和按生产要素分配相结合的分配制度、多层次的社会保障体系、政府的管理体制和运行机制以及党和国家的领导体制等，都需要通过深化改革，进一步健全和完善。我们要继续加强调查研究，适应形势发展和社会主义现代化建设的要求，力争在经济体制和其他体制的创新方面作出新的成绩。

江泽民论述了新形势下科技创新的内涵和目标。指出：我们进行科技创新，就是要使科学技术成为我国跨世纪发展的强大推动力量。面对世界正在发生的深刻的新科技革命，我们必须抓住那些对我国经济、科技、国防和社会发展具有战略性、基础性、关键性作用的重大科技课题，抓紧攻关，自主创新。坚持有所为有所不为的方针，瞄准世界科技发展的前沿，力争在有条件的领域实现突破，力争在基础科学上有所发现、在技术上有所发明，努力实现我国科学技术的跨越式发展。

江泽民联系我国改革开放的进程重点论述了新形势下理论创新的内涵和要求。指出：我们进行理论创新，就是要使我们党的基本理论在继承的基础上不断吸取新的实践经验、新的思想而向前发展。1937 年 7 月，毛泽东同志在《实践论》中指出：“通过实践而发现真理，又通过实践而证实真理和发展真理。从感性认识而能动地发展到理性认识，又从理性认识而能动地指导革命实践，改造主观世界和客观世界。实践、认识、再实践、再认识，这种形式，循环往复以至无穷，而实践和认识之每一循环的内容，都比较地进到了高一级的程度。这就是辩证唯物论的全部认识论，这就是辩证唯物论的知行统一观。”坚持马克思主义，最重要的就是要坚持马克思主义的科学原理和科学精神、创新精神，善于根据客观情况的变化，不断从人民群众的实践中吸取营养，不断丰富和发展理论，使理论更好地指导我们的工作。

江泽民进一步指出：马克思、恩格斯、列宁和毛泽东同志、邓小平同志都为我们作出了理论创新的光辉典范。马克思、恩格斯广泛吸取前人思想材料，深刻总结人类社会发展的客观规律，提出生产力和生产关系的矛盾运动推动人类社会不断前进、最终必然走向共产主义社会的科学结论，勇敢地批判和超越了亚当·斯密、李嘉图、黑格尔、费尔巴哈等人的学说，为无产阶级和全人类的解放运动创建了科学的指导思想。以后，他们又根据资本主义发展的新情况和工人运动的新实践，不断作出新的判断和理论解释。恩格斯在《一八九一年社会民主党纲领草案批判》一文中提出，由股份公司经营的资本主义生产已经不再是私人生产，而在支配和垄断着整个工业部门的托拉斯，那里不仅没有了私人生产，而且也没有了无计划性。按照马克思、恩格斯的设想，社会主义革命将在一些发达资本主义国家同时发生并取得胜利。列宁分析了帝国主义的经济、政治特征及其基本矛盾，揭示了帝国主义经济政治发展不平衡的规律，提出社会主义革命可以在帝国主义的薄弱环节、在一个国家或几个国家首先获得胜利，并且领导十月革命取得了胜利。十月革命后的一段时间，苏维埃俄国曾试图实行没有商品货币关系、平均分配的"战时共产主义"政策。但后来列宁从实践中认识到，"用无产阶级国家直接下命令的办法在一个小农国家里按共产主义原则来调整国家的产品生产和分配"的做法脱离了实际，"现实生活说明我们错了"。于是，列宁提出了"新经济政策"，利用商品货币关系恢复和发展经济。毛泽东同志把马克思主义基本原理同中国革命的具体实践相结合，创立了新民主主义革命理论，提出走不同于十月革命城市武装起义的由农村包围城市的武装斗争道路，指导中国革命取得了胜利。"文革"结束后，邓小平同志以非凡的理论勇气，指导我们党坚持解放思想、实事求是，充分肯定了毛泽东同志的历史功绩，同时坚决纠正"以阶级斗争为纲"的错误，提出实行改革开放和现代化建设的新理论。邓小平同志结合我国改革和建设的实际，不断进行理论创新，提出的社会主义初级阶段、联产承包责任制、建立经济特区、计划和市场都是手段、"一国两制"等等一系列新思想，都是理论上的卓越创造，都是对马列主义、毛泽东思想的重大发展。大家可以思考一下，如果没有邓小平同志领导我们党坚持贯彻解放思想、实事求是的思想路线，坚持改革，锐意创新，我们党和国家的事业能有今天这样的大好局面吗？

通过总结马克思主义的发展史，江泽民阐述了一个深刻的道理：社会实践是不断发展的，我们的思想认识也必须不断前进，不断根据实践的要求进行创新。思想解放、理论创新，是引导社会前进的强大力量。我们始终要坚持以马列主义、毛泽东思想特别是邓小平理论为指导，这一点丝毫不能动摇。同时，我们也必须根据新的实践不断进行新的探索，不断为实践提出新的理论指导。党的十五大号召全党同志，要以我国改革开放和现代化建设的实际问题、以我们正在做的事情为中心，着眼于马克思主义理论的运用，着眼于对实际问题的理论思考，着眼于新的实践和新的发展。党的十五大还提出，坚持邓小平理论，在实践中继续丰富和创造性地发展这个理论，这是党中央领导集体和全党同志的庄严历史责任。全党同志都要把这项任务当作自己的神圣职责，集中全体人民的智慧，共同研究和回答关系我们党和国家事业发展全局的新的重大战略问题，保证我们党始终走在时代发展的前列，真正做到“三个代表”。

本篇论述了创新的类型和功能，具有重要的理论意义。同时，篇中又联系我国改革开放的实践进程，论述了新形势下的理论创新、体制创新和科技创新，具有重大的现实意义。

本篇中，江泽民进一步丰富和发展了关于创新的思想。他提出：“创新是一个民族的灵魂，是一个国家兴旺发达的不竭动力，也是一个政党永葆生机的源泉。”创新是一个政党永葆生机的源泉，这是一个全新的观点。由此，江泽民将创新与永葆党的先进性、增强党的创造力、凝聚力、战斗力联系起来，思想出现了升华，产生了质的飞跃。2001年7月1日，江泽民在庆祝中国共产党成立80周年大会上的讲话中，着重阐述了如何永葆党的先进性、增强党的创造力、凝聚力、战斗力问题。可以说，不断根据实践的要求进行创新的思想，是贯穿于江泽民“三个代表”重要思想中的一根红线。创新是“三个代表”重要思想的重要内容和根本特征。

第五篇

思想政治工作面临的新形势新情况

（二〇〇〇年六月二十八日）

党的思想政治工作所以成为经济工作和其他一切工作的生命线，是团结全党和全国各族人民实现党和国家各项任务的中心环节，是我们党和社会主义国家的重要政治优势。为了加强和改进新形势下的思想政治工作，2000年6月28日，中央思想政治工作会议在北京举行。江泽民同志在会上发表了重要讲话。他指出：世界正在发生深刻的变化，中国正在进行完善和发展社会主义制度的自我变革。党的思想政治工作面临的形势更复杂，任务更繁重、工作更艰巨了。党的思想政治工作决不是可有可无、无所作为，而是必不可少、大有可为的。面对新形势新情况，思想政治工作在继承和发扬优良传统的基础上，必须在内容、形式、方法、手段、机制等方面努力进行创新和改进，特别要在增强时代感，加强针对性、时效性、主动性上下功夫。这要成为今后加强和改进思想政治工作的重点。本篇即是这次讲话的一部分。

在讲话中，江泽民充分阐述了思想政治工作的重要地位和作用，他指出，党的思想政治工作所以成为经济工作和其他一切工作的生命线，是团结全党和全国各族人民实现党和国家各项任务的中心环节，是我们党和社会主义国家的重要政治优势。只有充分发挥党的思想政治工作这一政治优势，才能保证经济工作和其他工作的正确发展方向，才能保证党的路线方针政策落实到各项工作和群众中去，才能及时排除和战胜各种错误东西的干扰，才能巩固和发展全国各族人民共同奋斗的思想政治基础，从而为经济工作和其他工作提供强大的动力与保证。

江泽民指出，新形势新任务以及思想政治工作的现实状况要求我们必须大力加强和改进党的思想政治工作。这是保证我们党始终做到代表中国先进生产力的发展要求、中国先进文化的前进方向、中国最广大人民的根本利益的必然要求。加强和改进党的思想政治工作，必须全面贯彻落实“三个代表”的要求，这是党团结和带领人民建设中国特色社会主义的长期战略方针。

讲话中，江泽民提出 4 个思想上政治上面临的大问题。第一，如何认识社会主义发展的历史进程。第二，如何认识资本主义发展的历史进程。第三，如何认识我国社会主义改革实践过程对人们思想的影响。第四，如何认识当今的国际环境和国际政治斗争带来的影响。

江泽民说，要做好新时期的思想政治工作，必须从国际和国内、历史和现实的角度，深刻分析新形势下对广大干部群众的思想活动发生作用的客观环境及其基本特点，正确审视和解决那些影响干部群众思想活动的重大理论问题和实际问题。这方面的问题认识清楚了，处理好了，我们进行新时期的思想政治工作就有了一个根本的比较切合实际的基础。在讲话中，江泽民提出并阐述了如何认识社会主义发展的历史进程、如何认识资本主义发展的历史进程、如何认识我国社会主义改革实践过程对人们思想的影响、如何认识当今的国际环境和国际政治斗争带来的影响等直接影响干部群众思想活动的重大问题，希望全党同志共同深入研究，从思想上政治上进一步取得科学认识。

在谈到如何加强和改进党的思想政治工作时，江泽民强调了 4 点。第一，要紧密结合我国社会主义改革和建设、国际形势发展变化的新实际，加强对马克思主义的研究和宣传，不断增强马克思主义理论的说服力和战斗力。加强和改进思想政治工作，最根本的是坚持和巩固马克思主义在我国意识形态领域的指导地位。坚持马克思主义的指导地位，最基础的工作是用马克思列宁主义、毛泽东思想、邓小平理论武装全党，教育人民。要使这种理论武装工作富有成效，必须大力弘扬理论联系实际的学风，坚持马克思主义的科学精神和基本原理，坚持解放思想、实事求是，努力对当前亟需进行理论引导或说明的突出问题，作出科学的、有说服力的、符合实际的解释和说明，充分发挥理论在思想政治工作中的基础性作用。必须坚持唱响主旋律，打好主动仗，科学生动的宣传马克思主义，引导干部和群众不断克服和抵制错误的、落后的、腐朽的思想文化的影响与侵蚀。在事关政治方向和根本原则的问题上，一定要旗帜鲜明，理直气壮，毫不含糊。

第二，要紧密结合干部群众在思想认识和工作、生活中产生的新问题，突出加强理想信念教育，不断增强全体人民的凝聚力。理想信念教育，必须紧密结合干部、群众的思想实际，有的放矢，对症下药，不能照本宣科，空喊口号。要坚持从实际出发，把先进性要求与广泛性要求有机结合起来。最根本的，就是要坚持进行爱国主义、集体主义、社会主义教育，动员全国各族人民为建设中国特色社会主义事业，为把我国建设成为富强民主文明的社会主义现代化国家而共同奋斗。开展思想政治工作，要注意因地制宜，因人而异，因事而异，因时而异。不同地区、不同部门、不同领域的干部群众，所处的环境、承担的任务、面临的问题不同，其思想活动的特点和要求也会有不同。做工作一定要把握这些特点和要求，有针对性地进行。广大工人、农民、知识分子、干部是建设社会主义事业基本力量，思想工作必须全面做好。特别是在我们实施重大改革决策时，要进行广泛的宣传和细致的思想工作，以取得群众的理解和支持。具体情况具体分析、具体问题具体解决，这是马克思主义的灵魂，是唯物辩证法的基本要求。党的思想政治工作也应坚持运用好这个活的灵魂和坚持贯彻好这个基本要求。

第三，要紧密结合发展社会主义市场经济的新要求，努力加强社会主义道德教育，不断提高全体人民的思想道德素质。法律和道德作为上层建筑的组成部分，都是维护社会秩序、规范人们思想和行为的重要手段，它们相互联系、相互补充。道德规范与法律规范应该相互结合，统一发挥作用。建设社会主义道德体系是一个系统工程，必须坚持正确处理公平与效率的关系，坚持先进性要求与广泛性要求相结合，坚持“三个有利于”标准，坚持继承和发扬民族优良传统并积极吸收外来优秀文化成果。要正确认识和处理各种利益关系，努力形成把国家和人民利益放在首位而又充分尊重公民个人合法利益的社会主义义利观。要广泛开展群众性精神文明创建活动，不断推动社会主义道德体系的形成和完善。

第四，要紧密结合社会精神文化生活的新发展，努力探索出一套行之有效的方式、方法、手段和机制，不断提高思想政治工作的感召力。改革开放以来，我国人民精神文化生活有了许多新的发展。加强和改进思想政治工作，过去行之有效的好传统好办法要坚持，更重要的是要适应新情况，不断探索新的方式、方法、手段和机制。要力求做到生动活泼，群众喜闻乐见，切忌形式主义、教条主义，切忌简单生硬。思想工作必须讲求春风化雨，润物无声，耐心细致，潜移默化。人民群众中蕴藏着丰富而实际的教育资源。对群众在实践中形成和表现出来的好思想、好品德，对基层创造的新鲜经验和好的做法，要及时总结推广。要重视和充分运用信息网络技术，使思想政治工作提高时效性，扩大覆盖面，增强影响力。

江泽民指出，党的思想政治工作本质上是群众工作，是宣传群众、教育群众、引导群众、提高群众的工作，因此，必须坚持走群众路线。各级领导干部一定要牢固树立群众观点，带着对人民群众的深厚感情去做思想政治工作，老老实实向人民群众学习，诚心诚意为人民服务。

江泽民说，我们加强和改进思想政治工作，归根到底是为社会主义经济基础服务的。要防止和纠正思想政治工作与经济工作脱节的“两张皮”现象，一定要紧密结合经济工作和各项业务工作一道去做，把工作做到人民群众的物质生产和精神生产的实际活动中去。必须切实了解群众的思想利益要求，掌握群众情绪，研究群众思想观念的变化。要把做群众思想工作与帮助群众解决实际问题结合起来，既讲道德又办实事，既以理服人又以情感人，在办实事中贯穿思想教育，通过解决现实问题引导群众提高精神境界。

关于加强思想政治工作队伍建设，江泽民指出，思想政治工作是全党的工作，所有党员和党的领导干部都要做。同时又必须建设一支政治强、业务精、纪律严、作风正的专兼职结合的思想政治工作队伍。基层思想政治工作队伍建设要做到组织落实、人员落实、责任明确、制度健全。要充实基层思想政治工作部门，优化政工干部队伍的结构。这要作为一件大事抓紧去做。

江泽民指出，党委书记主管思想政治和意识形态工作，这是我们党的一个好传统。各级党委都必须大力加强对思想政治和意识形态工作的领导。不重视、不会做思想政治工作，不可能成为成熟的领导干部。思想政治工作是一门科学，各级领导干部和政工干部都要努力认识和掌握它的基本知识和规律。各级党组织都要切实承担起做党的思想政治工作的职责。要建立党委统一领导，党政各部门和工会、共青团、妇联等人民团体齐抓共管、各负其责的思想政治工作体制，建立健全思想政治工作责任制。一切思想文化阵地，都应成为我们宣传科学理论、传播先进文化、塑造美好心灵的阵地。思想文化单位生产和传播精神产品，必须把社会效益放在第一位，努力做到社会效益和经济效益的正确结合。各级党委都要增强阵地意识，加强对思想文化阵地的领导。各级党委特别是主要领导干部都要围绕思想政治领域的重大问题，深入实际进行调查研究，准确地把握社会思想状况和动向，以利加强工作的针对性。

江泽民还强调，党的思想政治工作能否做好，很大程度上取决于我们党的自身建设和各级领导干部的言行表现。要求群众做到的，党员干部首先要做到。中央提出，治国必先治党，治党务必从严，有着十分重大的政治意义，全党同志要坚定不移地在工作中加以贯彻。全党都要坚持不懈地按照“三个代表”的要求加强党的建设，始终发扬党的三大优良作风，使党在人民群众中的威望不断加强和提高，为做好党的思想政治工作提供根本保证。希望全党同志振奋精神，增强信心，知难而进，共同奋斗，努力开创一个生动活泼、扎实有力、促进党和国家长治久安的思想政治工作新局面。

总的说来，党的十四大以来的思想政治工作，为促进改革、发展、稳定，为夺取现代化建设的胜利，提供了强大精神动力和重要政治保证。同时，我们也有过教训，对新时期思想政治工作如何加强和改进，缺乏深入的研究和有效的手段。在新的历史时期，党的思想政治工作必须从不断变化的实际出发大力加强和改进，而不可有丝毫放松和削弱。

本篇分析了中国共产党在思想政治工作方面面临的新形势、新问题，进一步明确了新时期党的思想政治工作的任务，对党对思想政治工作的领导提出了要求，内容丰富，思想深刻，具有鲜明的时代特色和很强的现实针对性，对于面向新世纪加强和改进党的思想政治工作，推进党的建设新的伟大工程和建设中国特色社会主义事业，都具有重要的指导作用。江泽民指出：新形势新任务以及思想政治工作的现实状况，要求我们必须大力加强和改进党的思想政治工作。这是保证我们党始终做到代表中国先进生产力的发展要求、中国先进文化的前进方向、中国最广大人民的根本利益的必然要求。加强和改进党的思想政治工作，必须全面贯彻落实“三个代表”的要求，这是党团结和带领人民建设中国特色社会主义的长期战略方针。这些思想都有重大的理论和现实意义。

第六篇

发展要有新思路

（二○○○年十月十一日）

这是一篇体现创新精神的重要文献。

从 1996 年到 2000 年的 5 年，全国人民在党中央领导下胜利完成了“九五”计划的主要目标。2000 年 10 月 9 日至 11 日，中国共产党第十五届中央委员会第五次全体会议在北京举行。全会审议并通过了《中共中央关于制定国民经济和社会发展第十个五年计划的建议》。

全会深入分析了世纪之交我国改革开放和现代化建设面临的国际和国内形势，认为从新世纪开始，我国将进入全面建设小康社会，加快推进现代化建设的新的发展阶段。今后 5 到 10 年，是我国经济和社会发展的重要时期，是进行经济结构战略性调整的重要时期，也是完善社会主义市场经济体制和扩大对外开放的重要时期。全会按照党的十五大对新世纪我国现代化建设的总体展望和部署，提出了“十五”期间我国国民经济和社会发展的主要奋斗目标。全会强调，制定“十五”计划并顺利实现我们的奋斗目标，必须把发展作为主题，把结构调整作为主线，把改革开放和科技进步作为动力，把提高人民生活水平作为根本出发点。

10 月 11 日，江泽民在全会上发表了重要讲话。本篇就是这次讲话的一部分。

江泽民指出：发展是硬道理，这是我们必须始终坚持的一个战略思想。对这个问题，不仅要从经济上看，而且要从政治上看。20 多年来，我们党的路线方针政策得到全体人民的拥护，我们经得起国际国内各种风浪的考验，我国的国际威望和影响不断提高，都与我国社会生产力的迅速发展、综合国力的显著增强和人民生活的不断改善密切相关。继续解决我国经济和社会生活中存在的矛盾，提高我们抵御各种风险的能力，实现第三步战略目标，要靠发展；解决台湾问题，完成祖国统一大业，要靠发展；反对霸权主义、强权政治，履行我们维护世界和平与促进各国共同发展的国际责任，不断增强我国在国际事务中的作用，也要靠发展。还是那句话，财大才能气粗。现在，世界经济和科技发展的形势逼人，我们不加快发展，就会落后。抓住机遇，加快发展，在政治上经济上对我们都很紧要。综合分析国际国内条件，我们完全有条件保持一个较快的发展速度。我们必须坚持扩大内需的方针，用发展的办法解决前进中的问题，及时采取有效的宏观调控，努力使我国经济保持实实在在、没有水分、可持续的发展，使经济、社会、生态环境全面发展。发展必须是物质文明和精神文明的协调发展。要始终坚持“两手抓、两手都要硬”的方针，大力推进社会主义精神文明建设，不断提高全民族的思想道德素质和科学文化素质，为现代化建设提供强大的思想保证、精神动力和智力支持。

江泽民强调：发展要有新思路。实行经济结构的战略性调整，推动两个根本性转变，保持国民经济持续快速健康发展，这就是新世纪之初中国经济发展的大思路。今后 5 到 10 年是我国经济结构调整的重要时期。我国经济发展中的突出矛盾和深层次问题是经济结构不合理，主要表现为产业结构不合理，地区发展不协调，城镇化水平低，工农业生产技术水平落后，国民经济的整体素质还不高。这些问题如不加紧解决，就难以提高经济增长的质量，难以增强我国发展的后劲。从国际范围看，各国尤其是发达国家都在加紧进行结构性调整。美国自 80 年代以来进行的以信息化为重点的经济结构调整，成为 90 年代美国经济持续增长的重要原因。亚洲金融危机迫使有关国家对经济结构进行调整，克服经济结构性缺陷，亚洲一些国家的结构调整已经取得进展。印度经过多年努力，航天、信息特别是软件产业得到较快发展。在这样的形势下，我们必须果断地抓紧进行结构调整，否则在激烈的国际竞争中就会处于劣势。对经济结构的问题，认识早、调整快，就主动；见事迟、调整慢，就被动。我们必须抓紧做好推进农业和农村经济结构调整，加快工业改组改造和结构优化升级，大力发展服务业，实施西部大开发战略、促进地区协调发展等方面的工作。全党同志必须统一思想，下决心干好结构调整这件事，坚持在发展中推进经济结构调整，在经济结构调整中保持快速发展，争取在产业结构、布局结构、所有制结构等方面都取得明显的进展。

江泽民指出：改革是社会主义实现自我完善和发展的根本途径与动力。从世界历史进程看，社会主义作为一种新的社会制度，还处在实践和发展的初期。邓小平同志说，巩固和发展社会主义制度，需要我们几代人、十几代人甚至几十代人坚持不懈地努力奋斗。这就给我们不断推进社会主义事业打开了广阔的空间。我们对社会主义的认识，要随着实践的发展不断深化。我们进行改革的根本目的，就是要使生产关系适应生产力的发展，使上层建筑适应经济基础的发展，使我国社会主义社会的各方面都形成比较成熟、比较定型的制度。社会主义制度的自我完善和发展，说到底，是一个体制创新的问题。完善公有制为主体、多种所有制经济共同发展的基本经济制度，完善按劳分配为主体、多种分配方式并存的分配制度，建立社会主义市场经济体制，进行政治体制改革，还有大量工作要做。不改革，不进行体制创新，很多问题的解决就没有出路。20 多年的改革实践，为我们进一步深化改革创造了很好的基础。继续推进改革，难度会更大，工作会更复杂。我们必须拿出一往无前的勇气，在体制创新方面取得重大进展，绝不能有畏难情绪。任何改革都要进行利益关系的调整，不可避免地会触及一部分人的利益。一定要正确处理改革、发展、稳定的关系，使改革的推进既积极又稳妥。

江泽民强调指出：实现我国跨世纪发展的目标，必须大力依靠科技进步和创新。马克思曾经说过，资产阶级在它的不到百年的阶级统治中所创造的生产力，比过去一切世代创造的全部生产力还要多。近100年全世界所创造的生产力又比以往一切世代创造的全部生产力还要多。世界生产力快速发展的一个根本原因，在于科学技术日新月异的发展。21世纪，世界科学技术和生产力必将发生新的革命性突破。对此，我们必须有充分的估计。我们必须抓住新科技革命的机遇，大力推进我国的科技进步和创新，尽力缩小同发达国家在科技发展水平上的差距。这次全会提出加快国民经济和社会信息化，就是我们为推进产业优化升级和实现工业化、现代化而采取的重大举措。当今世界的发展趋势表明，信息化对推动经济和社会发展具有重大作用，我们必须高度重视并全力推进，以信息化带动工业化，发挥后发优势，争取实现社会生产力的跨越式发展。推进科技进步，关键要创新。科技创新是提高科技实力的中心环节。没有自主创新，就没有我们在世界科技领域中的位置。科技创新问题，说到底还是人才的问题。发达国家正在全球范围内争夺人才。培养不好人才，使用不好人才，留不住人才，吸引不了人才，我们的事业就很难向前发展。我们一方面要进一步发展教育和提高教育质量，加大人才培养的力度；另一方面要建立一套能够发挥社会主义集中力量办大事和社会主义市场经济体制这两种优势的创新机制，形成一个拴心留人的环境，培育一个争相创新的氛围，使优秀人才脱颖而出，发挥才干。在这个问题上，大家一定要有紧迫感。各级领导干部要拿出政治家的眼光和气魄，积极支持科技及相关体制的改革，扫除一切阻碍创新的因素，努力开创一个人才辈出并能充分发挥各种人才的积极性和创造性的新局面。

江泽民指出：不断提高人民生活水平，是我们党一切工作的根本出发点和归宿点。人民生活不断改善，就会更加拥护我们党的领导和社会主义制度，更加充满信心地投入改革开放和现代化建设事业，我们党的执政基础也就能够日益巩固。与发达国家相比，我国人民的生活水平还比较低，贫困人口、下岗职工等相当一部分群众的生活还相当困难，人民对改善生活的期望很强烈。要使12亿多人都过上小康生活，并逐步过上比较宽裕的小康生活，任务十分艰巨。在整个社会生产和建设发展的基础上，不断使全体人民得到并日益增加看得见的利益，始终是我们中国共产党人的神圣职责。全党同志心中始终都要装着人民群众，关心人民群众，千方百计地为他们谋利益，带领他们艰苦奋斗，创造幸福生活。

保持经济持续快速健康发展，切实维护国家的经济安全，必须始终高度重视并抓紧解决好粮食安全、水资源和油气资源问题。这是直接关系我国长远发展的战略问题。这个问题，我讲过多次了，今天再强调一下。我国是一个有12亿多人口的发展中大国，吃饭问题始终是头等大事。12亿多人吃饭，只有依靠自己，靠谁都靠不住。决不能轻言农业过关了。一定要把农业的基础打牢。发展农业是一项长期的艰巨任务，必须始终把农业放在发展国民经济的首位。今年严重旱灾造成粮食减产，说明我国农业抗御自然灾害的能力还不强，还没有从根本上摆脱靠天吃饭的局面。要不断提高我国农业综合生产能力，高度重视保护和提高粮食生产能力，保护耕地，保护农民的积极性，面向市场、依靠科技，加快农业和农村经济结构调整，提高农业产业化经营的水平，大幅度提高农业的素质和效益。水资源不足，已经成为制约国民经济和社会发展的重要因素。解决这个问题，关键是要加强水资源的节约、保护和科学利用，努力提高水的利用效率。要坚持兴利除害结合，开源节流并重，防洪抗旱并举，下大力气解决洪涝灾害、水资源不足和水污染问题。对北方地区的缺水矛盾，要采取多种方式加以缓解，在搞好节水和水污染防治工作的基础上，加紧南水北调工程的前期工作，尽早开工建设。我国石油后备资源不足，与经济和人口增长的需要不相适应，必须未雨绸缪，做到有备无患。从目前世界石油市场急剧变化的情况看，这个问题更需要引起我们的高度重视。稳定东部、发展西部，挖掘东部老油田潜力，加强西部和海上勘探，增加油气资源储备；从战略安全考虑，要“走出去”，采取多种形式积极开发利用国外资源，实施进口多元化；合理调整能源结构，充分利用我国丰富的煤炭资源和水能资源，在技术可行和经济合理的前提下，研究开发替代石油的能源，多方面采取措施，努力节约石油。这里我还要强调，要十分重视生态建设和环境保护，经过长期的努力，使我国青山常在，绿水长流，资源永续利用。总之，我们必须从中华民族的长远发展考虑，从应付世界上的突发事件考虑，从为子孙后代考虑，坚持实施可持续发展战略。

本篇联系“十五”规划制定的有关情况，阐述了经济结构的战略性调整、科技进步与创新、提高人民生活水平以及实施可持续发展战略等问题。这些都是关系我国新世纪发展的重大问题，具有全局性的意义，具有鲜明的时代特征。

第七篇

关于改进党的作风

（二〇〇〇年十月十一日）

这是一篇论述按照“三个代表”重要思想的要求加强和改进党的作风建设的重要文献。

从1996年到2000年的5年，全国人民在党中央领导下胜利完成了“九五”计划的主要目标。2000年10月9日至11日，中国共产党第十五届中央委员会第五次全体会议在北京举行。全会审议并通过了《中共中央关于制定国民经济和社会发展第十个五年计划的建议》。

全会深入分析了世纪之交我国改革开放和现代化建设面临的国际和国内形势，认为从新世纪开始，我国将进入全面建设小康社会，加快推进现代化建设的新的发展阶段。今后5到10年，是我国经济和社会发展的重要时期，是进行经济结构战略性调整的重要时期，也是完善社会主义市场经济体制和扩大对外开放的重要时期。全会按照十五大对新世纪我国现代化建设的总体展望和部署，提出了“十五”期间我国国民经济和社会发展的主要奋斗目标。全会强调，制定“十五”计划并顺利实现我们的奋斗目标，必须把发展作为主题，把结构调整作为主线，把改革开放和科技进步作为动力，把提高人民生活水平作为根本出发点。

10月11日，江泽民在全会上发表了重要讲话。本篇就是这次讲话的一部分。

关于全面加强党的建设的重要性，江泽民指出：综观国际国内形势，进入新世纪，继续推进现代化建设、完成祖国统一、维护世界和平与促进共同发展，是我们必须抓好的三大任务。党的建设，是实现这三大任务的根本保证。我们必须坚持党要管党、从严治党的方针，全面加强党的思想、组织和作风建设，切实解决党内存在的各种问题，使我们党不断提高领导水平和执政能力，不断增强拒腐防变和抵御各种风险的能力，永葆生机和活力。

江泽民说：今年初，我在广东考察工作时，讲了我们党要始终代表中国先进生产力的发展要求，代表中国先进文化的前进方向，代表中国最广大人民的根本利益。这“三个代表”的要求，是根据我们党的性质、宗旨和历史经验、现实需要提出来的，也是为了在新的时期新的实践中更好地全面落实毛泽东思想、邓小平理论关于党的建设的要求提出来的，是我们党的立党之本、执政之基、力量之源，是我们加强新时期党的建设的基本方针。要使全党同志深刻认识和全面、正确地把握

“三个代表”的要求，还有大量的工作要做，首先需要从理论和实践的结合上进一步加以研究，进一步进行阐述。全党要围绕这个题目，紧密结合国内外形势的变化，紧密结合我国生产力发展和经济体制的深刻变革，紧密结合人民群众物质文化生活的发展要求，紧密结合党员干部队伍发生的重大变化，调查研究，形成共识，作出回答。我们开展的各项工作，都要贯彻落实“三个代表”的要求，看看我们所采取的措施、所做的工作，是不是符合“三个代表”的要求，符合的就毫不动摇地坚持，不符合的就勇于实事求是地纠正。

江泽民指出：我们党已经拥有6300万党员，这么大的队伍要管理好不容易。党内确实存在一些同党的性质、宗旨不相符的突出问题，如果我们不下最大的决心加以解决，就会带来严重的后果。一些腐败案件触目惊心，必须引起全党的高度警觉。90年代以来，一些执政几十年的政党先后下台，有的已经衰亡。其中的根本原因是党的内部出了问题。认真分析这些政党的兴衰，加以借鉴，对我们加强党的建设很有意义。历史和现实都表明，一个政权也好，一个政党也好，其前途与命运最终取决于人心向背，不能赢得最广大群众的支持，就必然垮台。我们现在总的形势是好的，但也面临着不少问题，既有内忧也有外患，切不可掉以轻心。关键是在搞好现代化建设的同时，要全面加强和改进党的建设，努力提高党的凝聚力和战斗力，始终保持党和人民群众的密切联系，这样我们才能经得起各种风浪的考验，不断把建设中国特色社会主义事业推向前进。

关于全面加强党的作风建设，江泽民强调指出：今天，我想着重讲一下加强党的作风建设问题。党的作风问题，也是党的形象问题，作风不正，形象好不了，必然脱离群众、脱离实际。切不可小看了作风问题。我们要完成现代化建设必须要有好的作风，否则正确的路线不能得到很好的贯彻，党的工作也会受到严重影响。希望全党上下要努力改进思想作风、学风和工作作风。

在谈到思想作风时，江泽民指出：解放思想，实事求是，是马克思主义活的灵魂。这是我们认识新事物、适应新形势、完成新任务的根本思想武器。这20多年中国改革和发展的历程，就是在邓小平理论的指导下，全党同志总结以往的历史经验和教训，坚持一切从实际出发，解放思想，实事求是，不断探索创新，从而不断推进建设中国特色社会主义事业的伟大历程。如果没有全党的解放思想、实事求是，就不可能有改革开放和现代化建设一系列的新政策，也就不可能有今天这样党和国家事业发展的大好局面。

搞社会主义现代化，发展社会主义市场经济，没有现成的经验和模式，必须在实践中探索和创造。改革开放以来，邓小平同志抓住“什么是社会主义、怎样建设社会主义”这个根本问题，深刻揭示社会主义的本质，把对社会主义的认识提高到新的水平。在新的历史时期，全党必须继续坚持解放思想、实事求是的思想路线，继续抓住社会主义本质这个根本问题，大胆探索、实践和创造，这是坚持党的基本路线，建设中国特色社会主义的思想保证。建设中国特色社会主义的实践在继续前进，我们对中国特色社会主义的探索和认识也要不断继续下去，永远不能停滞。解放思想、实事求是的目的，就是为了使我们党和国家的事业不断适应国情与时代、形势与任务的要求而向前发展，始终兴旺发达。任何安于现状、因循守旧，不思进取、无所作为的思想，都不利于党和国家事业的发展。解放思想与实事求是是统一的，应一以贯之。不解放思想，教条主义盛行，不可能做到实事求是；离开实事求是，脱离实际，脱离亿万群众创造性的实践，不是真正的思想解放。在工作比较顺利的时候，不能头脑发热，忘乎所以，不要提出不切实际的要求。在工作遇到困难的时候，不能灰心丧气，畏首畏尾，要善于在困难的条件下开拓新的局面。全党同志首先是各级领导干部必须始终坚持马克思主义历史的、实践的、发展的观点，坚持实践是检验真理的唯一标准，发挥历史的主动性和革命的创造性，不断研究和解决新问题。

关于学风问题，江泽民指出：中央反复强调，全党要加强学习，要结合新的实践，学习、学习、再学习。学习是多方面的，首先要加强对马克思主义理论的学习。学习马列主义、毛泽东思想和邓小平理论，关键是要掌握其理论实质，善于把其基本原理运用于社会主义改革和现代化建设的新实践，并在理论与实践的结合中勇于创新。不能搞教条主义，不能拘泥于一些具体的论述。马克思主义的生命力，就是在于它在实践中能够不断创新。马克思主义理论的每一次重大突破，社会主义实践的每一次历史性飞跃，都是马克思主义基本原理与具体实践相结合进行理论创新的结果。马克思、恩格斯、列宁和毛泽东同志、邓小平同志都是理论创新的典范。在建设社会主义的进程中，坚持马克思主义的基本原理，最重要的就是要坚持生产关系必须适应生产力发展的论断，通过改革开放不断解放和发展社会生产力，逐步实现全体人民的共同富裕。这是历史唯物主义的真谛。理论创新的源泉在实践，实践的主体是人民群众。理论创新，必须尊重人民群众的首创精神，坚持实践标准和“三个有利于”标准。不能拿本本去框实践，而是要用实践去发展本本。这是我们树立和发扬好的学风的最根本的要求。只有抱着这样的态度，才能把马克思主义的精髓学深学透，把马克思主义的真理用好用活。对马克思主义经典作家著作的学习和运用，不能搞照抄照搬的教条主义、本本主义，对国外包括西方国家东西的学习和借鉴，也要采取分析的实事求是的态度，也不能搞照抄照搬的教条主义、本本主义，一切都要从我国的国情出发，从建设中国特色社会主义的实际出发。

关于工作作风问题，江泽民指出：现在，在工作作风方面存在的问题，群众反映最大的是两个问题，一是形式主义，二是官僚主义。这必须引起全党上下的高度重视，必须痛下决心把这两股歪风煞住，越快越好。我们做工作，需要有一定的形式，没有形式，内容也表现不出来，但不能搞形式主义。搞形式主义，要害是只图虚名，不务实效。比如，有的干部做工作，不去认真领会中央精神，也不去了解下情，习惯于做表面文章，喊口号；有的沉湎于文山会海、应酬接待，不能深入基层；有的热衷于沽名钓誉，哗众取宠，应付上级，应付群众；有的搞各种名目的所谓“达标”活动，形式上热热闹闹，实则劳民伤财；有的只说空话套话，不干实事；有的报喜不报忧，掩盖矛盾和问题，以致酿成恶果。现在发生的一些严重的突发性事件和群体性事件，有些让人想都想不到的事件，其中一个重要原因，是由于工作不落实、不扎实、不切实。工作部署了，没有抓到底，口号提出来了，没有落实。结果流于形式，浮于表面，没有实效。这种风气如果不纠正，不仅会导致党的路线方针政策无法落实，而且必然会出乱子，甚至出大乱子。官僚主义作风，要害是脱离群众、做官当老爷。在一些地方和部门，有的干部无所用心，有的作威作福、欺压群众，引起了干部和群众的强烈不满。对官僚主义作风，我们不仅要认识它的危害性，而且要深刻认识它产生的根源。官僚主义，在很大程度上源于我国封建社会形成的“官本位”意识。所谓“官本位”，就是“以官为本”，一切为了做官，有了官位，就什么东西都有了，“一人得道，鸡犬升天”。这种“官本位”意识，流传了几千年，至今在我国社会生活中仍然有着很深的影响。一些共产党员和党的领导干部，也自觉不自觉地做了这种“官本位”意识的俘虏，于是跑官、买官、卖官的现象出来了；弄虚作假，虚报浮夸，骗取荣誉和职位的现象出来了；明哲保身，不思进取，但求无过，一切为了保官的现象出来了；以权谋私的现象出来了。当前，“官本位”意识的要害，就是对党和国家的事业不负责，对民族和人民的利益不负责任，只对自己或亲属或小团体负责。其危害极大。因此，对于历史上遗留下来的“官本位”意识，必须狠狠批判和坚决破除。我曾经说过，每一个领导干部都应好好想一想，参加革命是为什么？现在当干部应该做什么？将来身后应该留点什么？这些问题，我们每个领导干部都应经常想一想。我们共产党人是全心全意为党和国家、为民族和人民的利益而奋斗的，有什么个人的东西不能抛弃呢？

“实干兴邦，空谈误国。”形式主义作风和官僚主义作风，是我们党的一大祸害。全党上下，全国上下，必须狠煞形式主义、官僚主义的歪风。各级领导干部必须时时处处坚持重实际、说实话、务实事、求实效，必须大力发扬脚踏实地、埋头苦干的工作作风。大家都要坚定地贯彻中央的路线方针政策，努力结合自己的工作实际创造性地做好工作，想群众之所虑，急群众之所难，谋群众之所求，扎扎实实地解决好关系改革发展稳定全局和影响群众生产生活的各种紧迫问题，以改进工作作风的实际行动取信于民。

江泽民说：2001 年是新世纪的第一年，我们将迎来建党 80 周年。我们党从成立以来，为中华民族和中国人民建立了不朽的功勋。要通过广泛深入的教育和宣传，使全体党员和全国各族人民进一步明确，只有在中国共产党的领导下，坚持走建设中国特色社会主义道路，才能发展中国，才能实现中华民族的伟大复兴。同时，要使全体党员干部进一步明确，我们党要承担起建设有中国特色社会主义的重大使命，带领全国各族人民不断前进，必须按照“三个代表”的要求，扎扎实实地加强党的建设，全面推进党的建设的新的伟大工程。总之，我们要利用纪念建党 80 周年的重要时机，回顾历史、总结经验，着眼现实、解决问题，展望未来、增强信心。

本篇文献主题鲜明，即按照“三个代表”的要求加强和改进党的作风。所涉及的内容都是作风建设中存在的问题，具有很强的针对性和现实意义。讲话指明了提出“三个代表”重要思想的原因，即：这“三个代表”的要求，是根据我们党的性质、宗旨和历史经验、现实需要提出来的，也是为了在新的时期新的实践中更好地全面落实毛泽东思想、邓小平理论关于党的建设的要求提出来的，是我们党的立党之本、执政之基、力量之源，是我们加强新时期党的建设的基本方针。

第八篇

当前经济工作需要把握的几个问题

（二〇〇〇年十一月二十八日）

本篇联系实际工作阐述了我们党如何解放和发展先进生产力、如何促进社会主义精神文明、如何关心和解决好人民生活问题。即是一篇阐述我们党如何做到“三个代表”的重要文献。

2000 年 11 月 28 日至 30 日，中共中央、国务院在北京召开了中央经济工作会议。会议指出，2001 年是进入新世纪、实施“十五”计划的第一年，是保持经济增长良好势头、乘势前进的关键一年，也是深化体制改革、扩大对外开放的重要一年。会议提出了 2001 年经济工作的总体要求。11 月 28 日，江泽民在会议上作了重要讲话，本篇即是这次讲话的一部分。

江泽民主要谈了当时经济工作需要把握的 6 个问题。

一、坚持扩大内需的战略方针，加强和改善宏观调控

江泽民指出：坚持扩大内需，是我国经济发展的一项长期战略方针。以国内需求为主促进经济发展，是由我国的基本国情决定的。坚持扩大内需的方针，实质上就是坚持发展是硬道理的重要思想，把发展作为主题。实施积极的财政政策，是当前扩大内需所采取的重大措施。从经济发展的要求看，近期仍有必要继续实施积极的财政政策。巩固和发展目前经济回升的良好态势，必须保持财政政策的连续性。推进结构调整，加强国民经济的薄弱环节特别是农业，也需要继续增加投入。从长期看，在运用财政政策支持经济增长的同时，也要注意防范财政风险。

全面发挥积极财政政策的效应，要重点搞好在建基础设施项目，使其尽快发挥效益。同时，要增加农业投入，支持科技、教育发展和企业技术改造，加大西部开发力度。要加强监督和稽查，管好资金，保证工程质量，提高效益。要灵活运用多种方式，促进企业和社会投资增长，引导更多的社会资金参加更多领域的开发和建设。要综合运用各种财政政策手段，把发行和用好国债同优化支出结构、推进财税改革、加强税收征管等紧密结合起来。落实扩大内需的战略方针，还要继续实行稳健的货币政策。金融是现代经济的核心，必须全面认识和正确处理防范金融风险和支持经济发展的关系，努力发挥金融对经济增长的促进作用。要进一步加强货币政策与财政政策的协调配合，灵活运用货币政策手段，调控经济运行。

二、把加强农业和增加农民收入放在经济工作的突出位置

江泽民指出：现在的突出问题是农民收入增长缓慢。这是农业进入新的发展阶段遇到的新问题，是农业结构不合理、城镇化水平低、农业劳动生产率不高等问题的综合反映。农民收入问题直接关系国民经济发展的全局。如果农民增产不增收，生产积极性受到影响，粮食供求形势就可能发生逆转。农民收入和农村购买力上不去，扩大内需的方针就难以真正落实，经济发展出现的好形势也难以保持。广大农民不能富裕起来，全面建设小康社会的目标也不可能最终实现。各级党委和政府必须高度重视这个问题，把千方百计增加农民收入作为2001年经济工作的一件大事来抓。

继续推进农业和农村经济结构的战略性调整。这是增加农民收入的根本途径，是新阶段农业和农村经济工作的中心任务。要紧紧依靠科技，优化农产品品种结构，发挥区域比较优势，大幅度提高农业的整体素质和效益。要积极稳妥地实施城镇化战略，加快乡镇企业结构调整和体制创新，发挥农民的主动性和创造性，广辟就业渠道和增收门路。农业产业化是在家庭承包经营基础上实现农业规模经营和引导农民进入市

场的有效途径，也是进行农业结构战略性调整的重要带动力量，应当大力推进和扶持。推进农业产业化经营，要与农业结构调整、乡镇企业发展和小城镇建设结合起来。引导农产品加工企业、销售组织、科研单位等与农户形成利益共享、风险共担的机制，给农民带来更多的实惠。要正确处理调整农业结构与稳定粮食生产的关系。我们这样一个人口大国，任何时候都不能轻言粮食多了、农业过关了，不能忽视农业，不能放松粮食生产。要坚持保护和提高粮食生产能力不动摇，发挥好国家粮食储备的调节作用，确保国家粮食安全；坚持推进农业和农村经济结构的战略性调整不动摇，确保农民收入稳定增长。

加大对农业的支持和保护力度，改善农业生产条件。要进一步增加对农业和农村的投入，支持农田水利建设、农业生态建设和农业科技推广。加快农村税费改革，是减轻农民负担的治本之策。健全农村金融体系，改善农村金融服务，既是农业和农村经济结构战略性调整的迫切需要，也是整个金融体制改革和信贷工作的重要任务。

三、加快体制改革和科技进步，推进经济结构的战略性调整

江泽民指出：新一轮结构调整，是在社会主义市场经济体制初步建立、科技革命迅猛发展和经济全球化不断加快的背景下进行的，必须着力提高企业技术创新和市场竞争能力，提高经济增长的质量和效益，增强国民经济发展后劲。结构调整必须紧紧依靠深化改革和体制创新，以企业为主体。结构调整实质是资源优化配置的过程。充分发挥市场的基础性作用，关键在于企业能够对市场需求作出灵敏反应，形成自主优化配置资源的机制。

国有经济布局的战略性调整要与经济结构的战略性调整结合起来。根据企业的不同情况，实行优胜劣汰、有进有退的调整，做到进而有为，退而有序，抓大要强，放小要活。发展一批主业突出、管理水平高、竞争能力强的大型企业集团。加快垄断性行业的改革步伐，引入竞争，增强活力。国有大中型企业要按照建立现代企业制度的方向，加快

推进规范的公司制改革，推动股份制改造，完善法人治理结构。对关系国民经济命脉和国家安全的重要行业和关键领域，国有经济要占支配地位。要加强国有资产管理，建立规范的监督机制，落实保值增值责任。加快技术改造，实现集约化发展，是工业结构优化升级的重要途径。进一步加快政企分开，转变政府职能，不直接干预企业的经营活动，减少对经济事务的行政性审批。这是深化改革的一项紧迫任务。

科技进步是提高国民经济整体素质的决定性因素。结构调整如果没有科技进步和创新作支撑，就难以摆脱低水平、低效率的局面。要以科技创新为动力，促进结构升级，抢占制高点，赢得主动权。大力发展我国具有比较优势和市场潜力的高新技术产业，以信息化带动工业化，积极推动信息技术在各行业的广泛运用，加快关系经济全局重要领域的信息化进程。大力开发支持结构调整和产业升级的共性技术和关键技术。加快科技体制改革步伐，进一步完善国家科技创新体系。逐步建立高技术风险投资机制和科技创新激励机制。重大科技项目可借鉴国外的成功经验，由政府资助，科研机构和企业共同投资，联合攻关。

结构调整要立足于基本国情，注意处理好三个关系。一是高新技术产业与传统产业的关系。二是技术资金密集型产业与劳动密集型产业的关系。三是东部、中部发展与西部开发的关系。要做好规划，落实政策，突出重点，讲求实效，扎扎实实地向前推进。

四、做好加入世界贸易组织的各项准备工作，迎接对外开放新阶段

江泽民指出：加入世贸组织，有利于扩大对外开放，为我国经济发展赢得更好的国际环境，有利于促进经济体制改革和经济结构的战略性调整，增强我国经济发展活力和国际竞争力，总体上符合我国的根本利益和长远利益。同时，加入世贸组织也是严峻的考验，政府管理经济的方式、企业经营机制、经济运行规则和环境等，都需要进行深刻的变革。某些行业和企业，在一段时间里也会受到不小的冲击。可以说，机遇与挑战并存，关键看我们如何应对。

我国加入世贸组织，就是要更加积极主动地参与国际合作与竞争。下一步的工作重点是，扎扎实实做好加入世贸组织的准备工作。对外开放首先要对内开放，必须打破部门垄断和地区封锁，消除对各种所有制经济市场准入的不合理限制。实践证明，没有国内充分而有序的竞争，就难以在国际竞争中取胜，越是保护越没有竞争力。经过20多年的改革开放，我们已经具备了一定的抗御风险的物质技术基础，积累了应对复杂多变的国际经济形势的经验，只要我们把各方面的工作做好做扎实，加入世贸组织后，我国经济一定会有新的发展。

进一步深化外贸管理体制改革，实施科技兴贸和市场多元化战略，调整进出口结构，提高出口产品科技含量，努力扩大出口。积极稳妥地实施“走出去”战略，支持有竞争力的企业开展跨国经营和资源开发。有步骤地扩大对外开放领域，积极有效地利用外资。推动国内大企业与跨国公司合资合作，引导外商投资中西部地区和基础设施建设。经济特区、浦东新区和其他沿海地区要乘势而上，更加积极地参与国际分工，拓展对外开放的广度和深度，充分发挥对内地的示范、辐射和带动作用。

五、注意关心和解决好人民生活问题

江泽民指出：不断改善人民生活，是我们党全心全意为人民服务宗旨和“三个代表”要求的最终体现，是处理好改革发展稳定关系的结合点。人民群众的生活水平不断提高，推进改革就会得到更加广泛的支持，我们党的执政基础就会更加巩固。改革开放以来，我国人民的生活水平有了较大提高，全国总体上实现了小康。但也必须看到，目前城乡居民收入水平还不高，一部分群众的生活还比较困难。各级领导干部必须从政治的高度和稳定的大局出发，始终把解决好人民生活问题作为党和政府的根本任务。

多渠道扩大就业，是增加城乡居民收入的重要途径。我国人口多，就业始终是个大问题。随着产业结构升级和国有企业改革深化，现阶段就业矛盾比较突出。这个问题解决不好，将对人民生活和社会稳定产生直接影响。各级党委和政府要把扩大就业作为重要的工作目标。要大力发展多种所有制经济，努力扩大就业门路。开展多种形式的职业培训，提高劳动技能，促进再就业。引导下岗失业人员转变就业观念，鼓励自谋职业和多种形式就业。

完善的社会保障体系是社会主义市场经济体制的重要支柱。建立社会保障体系要把握以下几个原则：一是从国情出发，与国民经济发展水平以及各方面承受能力相适应，首先保证人们基本生活的需要；二是坚持公平与效率相结合，权利与义务相对应，兼顾国家、企业、个人三者利益；三是要积极稳妥，注意新老体制的衔接和过渡，避免出现大的波动。

要继续搞好扶贫开发，关心城市低收入群体。要坚持开发式扶贫的方针，增加对贫困地区特别是少数民族地区的财政转移支付，加大以工代赈力度，从根本上改变贫困地区的基本生产生活条件。对城市低收入群体的生活状况也要给予更多的关注，从多方面切实解决他们的实际困难。要在全社会大力发扬中华民族团结互助的优良传统，动员各方面力量扶贫济困。

各级党委和政府必须始终坚持“一要吃饭，二要建设”的原则。现在各方面建设任务很重，要统筹安排财力，正确处理“吃饭”与“建设”的关系，把人民生活放在优先位置，保证机关事业单位职工工资的按时发放。搞建设要从实际出发，量力而行，充分考虑地方财力和群众的承受能力。能否处理好“吃饭”与“建设”的关系，要作为衡量领导干部能否坚持实事求是、坚持走群众路线的一条重要标准。

六、加强精神文明建设，促进社会全面进步

江泽民指出：全面建设小康社会，包括物质文明和精神文明建设两个方面。要坚持两手抓、两手都要硬，把加强精神文明建设摆到重要位置。要加强和改进思想政治工作，深入开展群众性的精神文明创建活动，为改革开放和社会主义现代化建设提供强大的思想保证、精神动力和智力支持。要按照始终代表中国先进文化前进方向的要求，繁荣社会主义文化，满足人民群众日益增长的精神文化需求。要牢固树立经济和社会协调发展的思想，坚持科教兴国，加强科技、教育、文化等工作。加强民主法制建设，促进各项社会事业全面发展。江泽民着重强调了三点。一要加快人才队伍建设和提高国民素质。我们的事业能否不断取得成功，我们在激烈的国际竞争中能否掌握主动权，关键在人才。提高国民整体素质，是人才辈出的基础，是综合国力的重要体现。要加强思想道德建设，弘扬科学精神和创新精神，形成崇尚科学的社会风气，不断提高全民族的思想道德素质和科学文化素质。二要大力加强文化建设。这是新形势下引导和教育群众的重要途径。文化建设一定要把握时代精神，坚持正确方向，针对人们工作、学习、生活和休闲方式的新变化，充分利用多种形式特别是广播影视、互联网等现代传媒手段，努力巩固和拓展社会主义文化阵地，形成健康向上的舆论环境、文明和谐的社会氛围和丰富多彩的文化生活。加入世贸组织后，我们将面临西方文化产品进入的新挑战。必须从思想内容、表现形式等方面进一步增强我国文化产品竞争力，弘扬民族优秀文化，汲取人类文化成果的精华，用更多更好的精神产品，凝聚人心，鼓舞干劲，陶冶情操。三要积极建立适应社会主义市场经济发展的思想道德体系。发展社会主义市场经济，不仅要求建立相应的法律法规体系，而且要求建立与之相适应的思想道德体系。要坚持以马列主义、毛泽东思想和邓小平理论为指导，围绕树立建设中国特色社会主义的共同理想和正确的世界观、人生观、价值观，实行继承优良传统与弘扬时代精神相结合，尊重个人合法权益与承担社会责任相统一，注重效率与维护社会公平相协调，把先进性要求与广泛性要求结合起来，努力形成与经济和社会发展相适应的健康和谐、积极向上的思想道德规范。没有信用，就没有秩序，市场经济就不可能健康发展。要在全社会强化信用意识，加强公民诚实守信的道德教育。建立严格的信用制度，规范契约关系。各类经济主体都要守法经营。依法严厉打击制假售假、偷税骗税、经济欺诈、恶意逃废债务等行为，创造良好的市场秩序。

本篇针对经济工作中的实际情况，把“三个代表”要求和具体工作联系起来，是一篇理论联系实际的主要文献。我们党要始终代表先进生产力的发展要求，就必须加快改革和科技进步，推进经济结构的战略性调整，进一步扩大开放，解放和发展生产力。要始终代表中国先进文化的前进方向，必须加强社会主义精神文明建设，积极建立适应社会主义市场经济发展的思想道德体系。我们党要始终代表中国最广大人民的根本利益，就必须注意关心和解决好人民生活问题，实现好、维护好、发展好最广大人民群众的利益。这篇讲话本身就是把“三个代表”要求落实到各项工作中去的生动体现。对于我们践行“三个代表”，做好具体的工作，对于我们推进社会主义现代化建设事业，具有重要的现实意义。

第九篇

推动党风廉政建设和反腐败斗争的深入开展

（二〇〇〇年十二月二十六日）

这是一篇从党风廉政建设和反腐败斗争的角度论述贯彻和落实“三个代表”重要思想的文献。

进入新世纪，按照“三个代表”的要求把党建设得更加坚强，推动党风廉政建设和反腐败斗争深入开展，是全党同志需要进一步思考和解决的重大课题。作为党的最高领导人，江泽民同志对此极为关注。

2000年12月26日，中国共产党中央纪律检查委员会第五次全体会议在北京召开。江泽民在会上发表了重要讲话，结合如何解决上述重大问题谈了自己的一些看法。江泽民强调，要坚持“两手抓、两手都要硬”的战略方针，加强统一领导，坚定不移地贯彻党中央关于反腐倡廉的方针政策和各项工作部署，坚持标本兼治，加大治本工作力度，努力从源头上预防和治理腐败，维护和促进改革、发展、稳定的大局。要深入研究在发展社会主义市场经济和对外开放条件下腐败现象产生的特点和规律，以利提出有效的新办法、新措施，推动反腐倡廉工作深入开展。本篇是江泽民在这次全体会议上的讲话全文。

第一，关于认真总结党风廉政建设和反腐败斗争的经验

江泽民指出：如何正确看待当前反腐倡廉工作的形势，是一个很重要的政治问题。在加强党风廉政建设和反腐败斗争的问题上，党中央的决心是坚定的、旗帜是鲜明的，全党同志和广大人民群众是坚决拥护和全力支持的，我们采取的方针政策也是切合实际和有成效的。我们坚持一手抓改革开放，一手抓惩治腐败，明确了反腐败斗争的指导思想、基本原则、领导体制和工作机制、工作格局。我们从群众反映强烈的问题入手，坚决查处领导干部中发生的重大案件，并努力从源头上预防和遏制腐败现象。在全党的共同努力和人民群众的大力支持下，反腐倡廉工作不断取得阶段性成果，为维护改革、发展、稳定的大局创造了有利条件。这就是我们的基本估计。全党同志要进一步统一认识，增强信心，坚定不移地把反腐倡廉工作深入进行下去。

江泽民指出：这些年来，我们在反腐倡廉的实践中形成的重要认识和经验，可以归纳为以下几个方面。一是党风廉政建设与反腐败斗争关系党和国家的生死存亡。我们党和政府的宗旨是全心全意为人民服务，这就决定了各级领导干部必须清正廉洁，始终同人民群众同甘共苦，息息相通。不解决好反腐倡廉的问题，改革、发展、稳定就没有坚强的政治保证，党和政府就会严重脱离群众，就有亡党亡国的危险。全党同志

一定要从党和国家长治久安的高度，充分认识腐败现象的极端危害性和危险性，充分认识反腐倡廉工作的重大意义，坚持以马列主义、毛泽东思想、邓小平理论为指导，坚持党的基本路线，紧紧围绕经济建设这个中心，服从和服务于改革、发展、稳定的大局，锲而不舍地把党风廉政建设和反腐败斗争进行到底。二是反腐倡廉工作具有长期性、艰巨性和复杂性。腐败作为一种社会历史现象，古今中外许多社会都有。从本质上说，腐败现象是剥削阶级和剥削制度的产物，消除腐败现象必然要经历一个很长的历史过程。我们必须坚持不懈地与腐败现象进行斗争，努力把它减少到最小的程度。既要有持久作战的思想，又要有紧迫感，抓紧工作，坚决斗争。三是反腐倡廉工作要贯穿改革开放的全过程。反腐倡廉，是顺利进行改革开放和现代化建设的一项重要政治保证。越是改革开放，越要加强反腐倡廉工作。必须始终坚持“两手抓、两手都要硬”的方针，一手抓改革开放，一手抓惩治腐败，以保证改革开放政策的正确执行，保证建设中国特色社会主义事业沿着正确的航向前进。四是反腐倡廉是全党全社会的大事。要坚持党委统一领导、党政齐抓共管、纪委组织协调、部门各负其责、依靠群众支持和参与的反腐败领导体制和工作机制，坚持领导干部廉洁自律、查处大案要案、纠正部门和行业不正之风为主要内容的反腐败三项工作一起抓的工作格局，战略上总体规划，战术上分阶段部署，从群众反映最强烈的问题抓起，不断取得反腐败斗争的阶段性成果。五是实行标本兼治、综合治理。反腐倡廉，既要治标，更要治本。标本兼治，教育是基础，法制是保证，监督是关键，通过深化改革，不断铲除腐败现象滋生蔓延的土壤。坚持教育、法制、监督相结合，坚持预防与惩治相结合。坚持把思想政治建设摆在党的建设首位，牢固构筑拒腐防变的思想长城。坚持把发展民主与健全法制结合起来，把党内监督、法律监督和群众监督结合起来，并发挥舆论监督的作用，建立健全依法行使权力制约机制。大力推进以加强民主集中制为主要内容的制度建设，不断完善人、财、物等方面的管理和监督机制，完善反腐倡廉的工作机制，以利及时发现、有效防范和严厉惩处腐败行为。六是始终坚持党要管党、从严治党。这是我们党的优良传统和宝贵经验。治国必先治党，治党务必从严。从严治党，必须全面贯穿于党的思想、政治、作风、纪律和组织、制度建设，切实体现到对各级党组织、广大党员和干部进行教育、管理、监督等各个环节中去。对领导干部尤其要严格要求、严格教育、严格管理、严格监督，对领导干部的选拔任用一定要严格把关，对领导干部中发生的违纪违法行为一定要严肃查处。建立一套比较完善的便利、管用、有约束力的机制，以保证党的各级组织能够对党员干部真正实行有效的教育、管理和监督。正确把握以上认识和经验，并在实践中加以贯彻，对加强党风廉政建设和深入开展反腐败斗争具有重要的意义。这些认识和经验，在今后的实践中还要不断加以丰富和发展。

第二，关于正确认识党的执政地位及其带来的影响

江泽民指出：我们党是马克思主义政党，我们国家实行的是人民当家作主的社会主义制度。我们党和国家的性质与腐败现象是格格不入的。社会政治地位和社会生活环境必然要对人们的思想和行动发生作用。对一个政党也是如此。

我们党已经历了近 80 年的历史，为中国人民、为中华民族建立了不朽的功绩。这 80 年历程，包括两个大的历史时期。前 28 年是为夺取全国政权、建立新中国而奋斗的时期。在这个时期，我们党团结和带领全国各民族人民，与国内外敌人进行了殊死斗争，付出了巨大牺牲。后 50 多年，是我们党掌握全国政权、履行执政职能的时期。在这个时期，我们党团结和带领全国各民族人民进行社会主义革命、建设和改革，开辟了建设中国特色的社会主义的新道路，取得了各项事业的巨大成就。在这两个不同的历史时期里，我们党的地位发生了重大变化，从一个为夺取政权而奋斗的党成为一个掌握着全国政权的执政党，成为一个连续执政 50 多年的党。党的地位的这种历史性变化，不能不对党员和干部

队伍带来深刻的影响。

江泽民说：新中国成立之后，党成为执政党，掌握了政权。党的地位的变化，党员和干部的地位的变化，对各级党组织和每个党员、干部都是一个新的极大的考验，也给我们党的自身建设提出了新的课题。最主要的问题是：党的各级干部是否真正懂得我们的权力是人民赋予的，能不能正确地运用手中的权力？能不能始终保持与人民群众的密切联系，永远不脱离群众？成为执政党特别是长期执政以后，我们遇到的一个突出问题，就是如何使广大党员和干部始终树立正确的利益观。我们党是立党为公的，在任何时候都把群众利益放在第一位，一切为了群众，一切依靠群众，从群众中来，到群众中去，绝不能脱离群众和凌驾于社会之上。我们党一直要求，所有的共产党员和党的各级干部，都必须坚持党和人民的利益高于一切，个人利益服从党和人民的利益，吃苦在前，享受在后，决不允许以权谋私。这从我们党执政的那一天起，就是十分明确的。

江泽民强调指出：我们还要特别警惕人们所说的“既得利益”问题。我们党公开声明，党除了工人阶级和最广大人民的利益，没有自己特殊的利益。正是由于我们党始终坚持了这一条，所以我们在革命、建设和改革的各个历史时期，都得到了人民群众的衷心拥护和支持。但是，我们也要清醒地看到，由于我们党处在执政地位并长期执政，党内有一些人逐渐产生了一种错误的思想倾向，他们把党和人民赋予的职权，把自己的地位、影响和工作条件，看成是自己的所谓既得利益，不是用这些职权和条件来为党、为人民更好地工作，而是用来为自己捞取不合理的、非法的私利。他们甚至把这些东西看成是谁也碰不得、动不得的私有财产，想方设法地要去维护和扩大这种所谓既得利益。这是十分危险的。历史事实说明，不少剥削阶级的政党或政治集团，在执政以后，利用手中掌握的权力攫取本阶级、本集团和执政官员个人的私利，并极力维护和不断扩大这种私利，结果形成了一个欺压人民，侵害人民利益的既得利益集团。正因为这样，他们终究要受到人民群众的反对。我们党是中国工人阶级的先锋队，是全心全意为人民服务的，绝不允许搞剥削阶级政党及其统治集团所追求的那种既得利益，也绝不能成为那样的既得利益集团。如果走到了那一步，我们党就必然要失败。我提出这个问题是要说明，对我们这样一个长期执政的政党来说，党内一些干部是容易产生所谓既得利益的思想倾向的，希望全党同志都始终保持高度的警觉，自觉地同这种错误的思想倾向进行斗争。

领导干部一定要树立正确的利益观，要“先天下之忧而忧，后天下之乐而乐”，时刻把人民的利益、党和国家的利益放在首位。不论社会怎么发展，对共产党员来说，全心全意为人民服务这个宗旨不能变，吃苦在前、享受在后这个原则不能变。每一个党的领导干部，都要廉洁奉公，艰苦奋斗，做到无论在何种情况下都忠诚于党和人民的事业，不改变革命的初衷。共产党员和党的干部，要代表党和人民掌好权、用好权，必须努力提高自己的思想道德素质和科学文化素质，这也是做好执政工作、防止发生腐败现象的重要条件。不断提高干部的思想道德素质和科学文化素质，对党风廉政建设和反腐败斗争具有基础性的作用。

我一直认为，加强学习，对提高人的精神境界很有益处，对自觉抵制消极腐败现象也很有益处。学习搞好了，掌握的理论知识和科学文化知识多了，政治认识和精神境界提高了，讲政治、讲正气才讲得起来。勤于学习，善于学习，不仅有利于我们更好地改造客观世界，也有利于我们更好地改造主观世界。全党同志特别是领导干部，一定要坚持学习、学习、再学习。

江泽民说：中国历史上的封建王朝，很多都走了从得到民心兴起到失去民心衰亡的这样一条道路。东欧剧变、苏联解体，国民党在大陆的失败和在台湾失去政权，以及印度尼西亚前总统苏哈托的下台、墨西哥革命制度党在选举中失败、秘鲁形势的突变和前总统藤森逗留日本不归、菲律宾当前政局的动荡等等，尽管各自的原因很复杂，但人心向背的变化都是其中很重要的一个原因。对这些历史和现实的实例，我们应该明鉴啊！

我们开展党风廉政建设和反腐败斗争，坚决揭露和惩处腐败分子，包括严惩了少数违法犯罪的很高级别的干部，是因为不这样做，我们就要脱离群众，就有亡党亡国的危险。我们这样做，正是我们党有信心、有力量的表现。群众对腐败现象是痛恨的。

我们反腐败，代表了最广大人民的意志，提高了党在人民群众中的威望。反腐败斗争也教育了广大党员干部，使大家从中受到警示，得到了政治考验和党性锻炼。我们提出“三个代表”的要求，并强调按照“三个代表”要求全面加强党的建设，根本的目的就在于保证我们党能够始终保持与人民群众的血肉联系。全党同志特别是领导干部，都要从这样的政治高度看待党风廉政建设和反腐败斗争，坚定不移地把这项工作推向前进。

第三，关于加大从源头上预防和治理腐败现象的力度

江泽民指出：治标和治本，是反腐败斗争相辅相成、互相促进的两个方面。治标，严惩各种腐败行为，把腐败分子的猖獗活动抑制下去，才能为反腐败治本创造前提条件。治本，从源头上预防和治理腐败现象，才能巩固和发展反腐败已经取得的成果，从根本上解决腐败问题。前些年，由于腐败现象呈现发展蔓延的趋势，我们在抓治本的同时，采取治标方面的措施更多一些。这是完全必要的。当前，反腐败斗争应该逐步加大治本的工作力度，努力从源头上预防和治理腐败现象。

一是要将预防腐败现象寓于各项重要政策和措施之中。反腐倡廉是一个社会系统工程，需要各方面协调配合和共同努力，需要与经济建设、民主法制建设、精神文明建设等工作紧密结合。制定经济、社会、文化发展的政策，出台重大的改革措施，制定法律、法规和规章，都要把反腐倡廉作为有机组成部分考虑进去，都要对是否有利于反腐倡廉进行论证，做到存利去弊，完善决策，未雨绸缪，预防在先。

二是要依靠发展民主、健全法制来预防和治理腐败现象。要继续加强社会主义民主政治建设和法制建设，继续完善村务公开、厂务公开、政务公开、民主评议、质询听证等民主形式，使人民群众在民主选举、民主决策、民主管理、民主监督中发挥更加积极的作用，保证权力的正确行使。党内生活一定要有民主空气，要欢迎讲意见。

三是要通过体制创新逐步铲除腐败现象产生的土壤和条件。依靠体制创新抑制腐败现象，是我们在实践中取得的一条重要经验。好的体制，可以有效地预防和制止腐败现象的发生，反之，不好的体制，则会导致腐败现象的滋生和蔓延。要针对容易产生腐败现象具体体制、制度和薄弱环节，通过深化改革和体制创新，建立结构合理、配置科学、程序严密、相互制约的权力运行机制。改革也要实事求是。有些环节权力过于集中，有些环节权力过于分散，都容易导致腐败现象，要根据从源头上预防治理腐败现象的需要，该分散的要分散，该集中的要集中，一切措施都要根据实际情况来决定，最终以社会效果来检验。

四是要从思想上筑牢反腐倡廉、拒腐防变的堤防。加强党的思想政治建设，是从源头上预防和治理腐败现象的一项极端重要的工作，必须贯穿改革开放和现代化建设的全过程。在长期和平建设年代，要保持广大党员、干部的革命意志、革命精神和革命气节，很不容易，必须加强教育、加强引导、加强管理。所有的党员、干部特别是领导干部都要坚持学习马列主义、毛泽东思想、邓小平理论，坚持讲学习、讲政治、讲正气，着力于在解决世界观、人生观、价值观问题上下功夫，坚定理想信念，增强走建设中国特色社会主义道路的自觉性和坚定性。加大反腐倡廉工作的宣传教育力度，加强对党员干部党性党风党纪教育和遵纪守法教育。教育和引导广大党员干部自觉地在改革和建设的实践中进行党性锻炼，加强思想政治修养，锻炼意志品质，提高精神境界，保持高尚的道德情操，追求积极向上的生活情趣，真正养成共产党人的高风亮节。

五是要促进反腐倡廉各项工作的协调发展。各级党委和政府，各地区和各部门必须协调行动，形成反腐倡廉的强大合力。大家都要从各自的职责范围、工作特点出发，针对腐败现象易发多发的部位和环节，充分运用各种手段和方式，提高教育和惩治、管理和监督的效能，努力形成各部门一起动手，各领域协调行动，各种手段配合运用，全方位、多方面从源头上预防和治理腐败现象的局面。

这是一篇具有重要理论意义和现实意义的文献。文章总结了我们党开展党风廉政建设和反腐败斗争的六条经验。论述了成为执政党特别是长期执政后，我们党面临的挑战和影响，提出我们党必须高度关注党与人民群众的关系问题、人心向背问题。文中提出我们按照“三个代表”要求全面加强党的建设，根本目的就在于保证我们党能够始终保持与人民群众的血肉联系。要加大治本的力度，努力从源头上预防和治理腐败现象。

第十篇

在全国宣传部长会议上的讲话

（二〇〇一年一月十日）

宣传思想战线是十分重要的战线，宣传思想工作部门是十分重要的部门，宣传思想工作是全党的工作，事关改革、发展、稳定的大局，事关建设中国特色社会主义全局。进入新世纪，宣传思想工作要继续宣传好抓住机遇、加快发展的思想。为其提供强有力的思想保证和舆论支持。为了总结2000年宣传工作取得的成绩，部署和安排2001年的宣传工作，2000年1月全国宣传部长会议在北京召开。1月10日，江泽民与参加全国宣传部长会议的同志座谈并发表重要讲话。木篇是这次讲话的全文。

江泽民说：宣传思想战线的同志们很努力，做了大量富有成效的工作。可以说，党的十四大、十五大以来的宣传思想工作取得了新经验，开创了新局面。在党中央的领导下，宣传思想战线高举邓小平理论伟大旗帜，坚持以科学的理论武装人、以正确的舆论引导人、以高尚的精神塑造人、以优秀的作品鼓舞人，努力宣传党的路线方针政策，努力加强思想政治工作和精神文明建设，努力营造健康向上的舆论环境和丰富多彩的文化生活，对于巩固马克思主义的指导地位，提高人民群众的思想文化素质，促进改革、发展、稳定，发挥了重要作用。

当前，国际局势总体上继续趋向缓和，和平与发展仍然是时代的主题。世界政治多极化在曲折中发展，经济全球化步伐加快，科技进步日新月异，我国的现代化建设可以争取到一个较长时期的国际和平环境。

同时也必须清醒地看到，无论从国际还是国内看，我们在前进道路上仍然面临着不少新的挑战和新的问题。西方敌对势力对我国实施“西化”“分化”的政治图谋不会改变。在对外开放过程中，西方资产阶级的政治主张、价值观念和生活方式也必然乘隙而入。我国社会经济成分、组织形式、物质利益和就业方式的多样化，也必然给人们的思想观念、价值取向、文化生活带来多样性。随着市场经济的发展，商品交换的法则也容易侵蚀到社会政治生活和人们的精神领域，引发见利忘义、权钱交易，导致国家意识、集体意识和互助精神、奉献精神的减弱。这些都给我们加强和改进宣传思想工作和精神文明建设带来了新的课题。

江泽民指出：进入新世纪要继续宣传好抓住机遇、加快发展的思想。能不能抓住机遇，加快发展，是一个国家、一个民族赢得主动、赢得优势的关键所在。解决中国的所有问题，关键在发展；解决人们的思想认识问题，说服那些不相信社会主义的人，坚定人们对社会主义和祖国未来前途的信念与信心，最终也要靠发展。全党、全国上下一定要只争朝夕，加倍努力，牢牢扭住经济建设这个中心，聚精会神地做好经济和社会发展这篇大文章，不断增强我国的经济实力、国防实力和民族凝聚力。宣传思想战线要积极、全面、准确、深入地宣传贯彻中央的这一重要指导思想，为抓住机遇、加快发展提供强有力的思想保证和舆论支持。这是宣传思想战线要着力把握的工作基点，也是衡量和检验宣传思想工作成效的一个重要标志。在改革不断深化，发展持续前进的条件下，宣传思想战线更要加紧做好统一思想、提高认识、正面引导、解疑释惑的工作，帮助广大干部群众认清形势，振奋精神，坚定信心，正确处理改革、发展、稳定的关系，正确处理改革过程中各种利益关系的调整，自觉地把个人理想融入到全国各族人民建设中国特色社会主义的共同理想之中，把个人奋斗融入到为实现祖国社会主义现代化的奋斗之中。

江泽民强调指出：要继续唱响主旋律，打好主动仗。主旋律唱响了，主动仗打好了，就能在全社会形成和发展积极向上的舆论环境，使科学理论和正确思想在社会生活中发挥主导作用，使广大干部和群众保持良好的精神面貌，不断巩固和发展全国各族人民团结奋斗的共同思想基础。这是我们在新形势下做好宣传思想工作的一条成功经验。

坚持马克思主义的指导地位，不断用马列主义、毛泽东思想、邓小平理论武装全党和教育全国人民，这是保证全党紧密团结和带领人民共同奋斗的根本思想基础，也是保持我国社会政治稳定的根本思想基础。一个社会的稳定，要依靠坚强的政治领导，依靠经济的发展，依靠好的制度和法治，同时全体社会成员思想上的稳定也是一个极为重要的条件。坚持马克思主义的指导地位必须始终做到两条，一是必须坚定不移地巩固和加强马克思主义的指导地位，绝不允许搞指导思想的多元化；二是必须紧密结合形势的变化和实践的发展，发扬实事求是、勇于创新的科学精神，不断丰富和发展马克思主义。

江泽民指出：要巩固和发展全国各族人民共同奋斗的思想基础，必须牢牢掌握舆论工作的领导权和主动权。舆论反映着国家的形象和社会的精神面貌。舆论引导是加强党的领导的一个十分重要的方面。现代社会，各种媒体特别是信息网络化迅速发展，舆论的作用和影响越来越大，越来越需要加强引导。新闻媒体是党和人民的喉舌，应准确、鲜明、生动地宣传中央的精神，应及时、如实、充分地反映人民群众的意愿。要继续坚持团结稳定鼓劲、正面宣传为主的方针，深入宣传爱国主义、集体主义、社会主义思想，进一步做好典型宣传、热点引导、舆论监督工作，扶正祛邪，振奋精神，鼓舞人们奋发向上。要进一步转变工作作风，改进文风，使我们所宣传的东西，符合社会实际，符合群众需要，不断增强吸引力和感染力，不断提高引导水平。要高度重视互联网的舆论宣传，总的方针是积极发展，充分运用，加强管理，趋利避害，发挥优势，主动出击，不断增强网上宣传的影响力和战斗力，使之成为党和国家思想政治工作的新阵地，成为我们对外宣传的新渠道。

江泽民指出：党的思想政治工作和社会主义精神文明建设工作，是凝聚人心、激励全国人民团结奋斗的基础性工作，极为重要，只能不断加强，而绝不可有丝毫放松和削弱。开展这方面的工作，要始终注意在增强时代感，加强针对性实效性主动性上狠下功夫。要坚持以党的基本理论和基本路线为指导，围绕树立建设中国特色社会主义的共同理想和正确的世界观、人生观、价值观，坚持继承优良传统与弘扬时代精神相结合，尊重个人合法权益与承担社会责任相统一，注重效率与维护社会公平相协调，把先进性要求与广泛性要求有机联系起来，努力在全社会形成和发扬与经济社会发展相适应的社会主义思想道德。这是个很重要也很艰巨的任务，全党和全国各条战线上的同志都要为此共同努力，宣传思想战线上的同志更要为此不懈工作。一切思想文化阵地，一切精神文化产品，都要努力宣传科学理论，传播先进文化，弘扬社会正气，倡导科学精神，不断提高全民族的思想道德素质和科学文化素质。

江泽民强调指出：要深入研究和宣传“三个代表”的要求。我们党要始终充满生机和活力，必须做到“三个代表”的要求。纪念中国共产党成立80周年，在全党深入开展“三个代表”的宣传教育，是新世纪开局之年全党工作的大事，也是宣传思想战线的一项重要工作。努力把“三个代表”的要求研究好、宣传好、贯彻好，以利不断提高党的领导水平和执政水平，不断增强党的拒腐防变和抵御风险的能力，使广大党员和干部自觉地以“三个代表”要求指导自己的思想和行动，使我们党更加朝气蓬勃、更加团结一致、更加富有战斗力。要发扬党的理论联系实际的优良作风，既大胆探索，又实事求是，在深入调查研究的基础上，科学回答关系党和国家发展的一些重大理论问题。同时，抓紧解决影响改革、发展、稳定的突出问题，抓紧解决党的建设中存在的突出问题，使我们党更好地担负起领导建设中国特色社会主义事业的历史重任。

江泽民同志指出：在全社会大力宣传和弘扬为实现社会主义现代化而不懈奋斗的精神。建设中国特色社会主义事业，是一项充满艰辛、充满创造的壮丽事业。伟大的事业需要并将产生崇高的精神，崇高的精神支撑和推动着伟大的事业。没有坚强精神的民族，是没有前途的。面对新世纪、新形势、新任务，特别需要在全党和全社会大力宣传和弘扬解放思想、实事求是的精神，紧跟时代、勇于创新的精神，知难而进、一往无前的精神，艰苦奋斗、务求实效的精神，淡泊名利、无私奉献的精神，为实现社会主义现代化而不懈奋斗的精神。要日复一日、年复一年地不断用这些不懈奋斗的精神武装全党同志和全国各族人民，使之成为大家的自觉追求，成为抓住机遇、加快发展，实现社会主义现代化、实现中华民族伟大复兴的巨大精神动力。

江泽民指出：我们共产党人是无神论者，我国是社会主义国家，当然不能用封建主义、资本主义的思想意识和价值观念，也不能用宗教来作为全社会的精神支柱。我们必须坚持用马列主义、毛泽东思想、邓小平理论，用爱国主义、集体主义、社会主义思想作为凝聚和团结全党全国人民的坚强精神支柱，并确立建设中国特色社会主义的共同理想。宣传教育工作必须努力把马克思主义理论、建设中国特色社会主义的思想道德的宣传教育的一致性，与社会不同群体的特点和要求的多样性统一起来；必须努力把理想信念和思想道德的宣传教育的理论性，与人民群众日常工作和生活的实践性统一起来。努力做到形式多样，生动活泼，为群众喜闻乐见，能够回答群众中存在的思想认识问题，能够在群众的工作和奋斗中不断发挥精神支柱的巨大作用。广泛动员各方面的力量，充分利用一切宣传教育渠道，不断探索更有效的方法和手段，如同春风化雨、细雨润物一样，努力在全党和全体人民中把坚定理想信念、树立精神支柱的工作做得更好更细更扎实。

江泽民强调指出：我们在建设中国特色社会主义，发展社会主义市场经济的过程中，要坚持不懈地加强社会主义法制建，依法治国，同时也要坚持不懈地加强社会主义道德建设，以德治国。对一个国家的治理来说，法治和德治，从来都是相辅相成、相互促进的。二者缺一不可，也不可偏废。法治属于政治建设、属于政治文明，德治属于思想建设、属于精神文明。二者范畴不同，但其地位和功能都是非常重要的。我们要把法制建设与道德建设紧密结合起来，把依法治国与以德治国紧密结合起来。

江泽民说：宣传思想战线是十分重要的战线，宣传思想工作部门是十分重要的部门，宣传思想工作是全党的工作，事关改革、发展、稳定的大局，事关建设中国特色社会主义事业的全局。善于做宣传思想工作，是马克思主义政治家必备的素质。各级党委要坚持“两手抓、两手都要硬”，切实加强对宣传思想工作的领导，充分发挥我们党的这一政治优势。广大宣传思想工作者常年紧张工作，非常辛苦，我们要从政治上、工作上、生活上关心和爱护这支队伍，为他们发挥聪明才智创造条件，使他们更好地为人民服务，为社会主义服务，为全党全国工作大局服务。

这是一篇理论性很强的重要文献。江泽民在这篇文章中提出要在全社会大力提倡、宣传和弘扬为实现社会主义现代化而不懈奋斗的五种精神，将“依法治国”与“以德治国”相结合，这是对马克思主义的丰富和发展。

江泽民指出：要用宽广的眼光去观察和把握当代中国的伟大实践，努力把“三个代表”的要求研究好、宣传好、贯彻好，不断提高党的领导水平和执政水平，不断增强党的拒腐防变和抵御风险的能力，使我们党更加朝气蓬勃、更加团结一致、更加富有战斗力。他强调要把“三个代表”的研究、宣传、教育统一起来，理论联系实际，抓紧解决影响改革、发展、稳定的突出问题，解决党的建设中存在的突出的问题，使我们党更好地担负起领导建设中国特色社会主义事业的历史重任。很多论述对于我们贯彻、落实“三个代表”具有重要的指导意义。

第十一篇

把“三个代表”的要求落实到党的基层组织建设中去

（二〇〇一年二月二十七日）

党的基层组织，是我们党领导和执政的重要基础，是党的全部工作的重要基础，也是社会主义国家政权的重要基础。基础不牢，地动山摇。加强和改进新时期党的建设，必须高度重视加强基层组织建设。重视党的基层组织建设，是坚持马克思主义建党原则的重要方面，是我们党区别于其他任何政党的显著标志。在新的历史条件下，党的基层组织建设面临着十分复杂和多样化的情况。如何切实加强和改进党的基层组织是摆在全党面前的一项重要任务。围绕党建课题，江泽民多次外出考察、调研，了解情况，并做出了有关指示。2001 年 2 月，江泽民赴海南省考察工作，并参加“博鳌亚洲论坛”成立大会，本篇是 2 月 27 日江泽民在海南省考察工作时讲话的一部分。

江泽民首先强调了新的历史条件下加强党的建设的重要性和紧迫性。他指出：面对新世纪的新形势，改革发展和各项事业能否顺利推进，关键取决于我们党，取决于我们党的凝聚力和战斗力，取决于我们党的领导水平和执政水平。进入新世纪，国际局势正在发生深刻的变化，国内改革和建设的任务也相当艰巨繁重，我们具有加快发展的难得机遇和有利条件，也面临着许多新情况新矛盾新困难，前进道路上也还可能遇到这样那样的风险。在这种错综复杂的条件下，要保证中国社会主义现代化建设的航船始终沿着正确的航向前进，必须把我们党进一步建设好。

关于加强党的建设的最根本的环节和要求，江泽民指出：关于进一步把党建设好，最根本的一条，就是要适应新形势新任务的要求，把“三个代表”要求切实落实到党的思想建设、组织建设和作风建设中去，使我们党始终保持蓬勃的生机和活力，始终成为建设中国特色社会主义的坚强领导核心。目前，加强和改进党的建设有许多工作要做，我们要针对那些必须研究解决的重大理论问题和实践问题，加强调查研究，认真总结经验，摸清突出问题，制定切实措施，抓紧加以解决。

关于基层组织、基层党员干部的作风问题，江泽民指出：要把党的路线方针政策贯彻落实好，带领群众不断开创改革和建设的新局面，领导干部必须有一个好的作风。这是加强和改进新时期党的建设的一个很重要的问题，必须引起全党同志的高度重视。党的作风直接关系到党的形象和战斗力。我们要完成现代化建设的任务，要始终履行好全心全意为人民服务的宗旨，全党同志特别是各级领导干部必须有好的作风。否则，不仅正确的路线不能得到贯彻，而且党的工作也会受到严重影响。在改革开放和发展社会主义市场经济的条件下，加强党的作风建设意义十分重大。这一点，全党同志思想上都必须十分明确，工作中都必须切实落实。

加强新时期党的作风建设，要贯彻落实“三个代表”要求，坚定不移地发扬党的优良传统和作风，把我们党实事求是的作风，理论联系实际、密切联系群众、批评和自我批评的作风，谦虚谨慎不骄不躁、艰苦奋斗的作风更好地发扬起来。要认真总结我们党加强作风建设的历史经验和新鲜经验，结合新形势新任务，抓住当前思想作风、工作作风、领导作风、学风和干部生活作风等党风方面存在的突出问题，通过全党的共同努力，认真加以解决，切实把作风建设提高到一个新的水平。

江泽民强调：加强和改进新时期党的建设，必须高度重视加强基层组织建设。基础不牢，地动山摇。党的基层组织，是我们党领导和执政的重要基础，是党的全部工作的重要基础，也是社会主义国家政权的重要基础。如果基层组织软弱涣散，没有战斗力和凝聚力，那是十分危险的。各级党委都要高度重视基层组织建设，千万不能忽视了这个问题。抓基层组织建设很辛苦，如果因为怕辛苦，或者不容易出所谓面上的“政绩”，就不去抓或者不认真去抓，那是十分错误的。现在，基层组织建设遇到了很多新情况新问题，迫切需要我们去研究和解决。

江泽民指出：要围绕国有企业改革和发展，进一步加强企业党组织建设。要认真解决一些农村基层党组织软弱涣散的问题，把农村党的基层组织建设成为农村各种组织和各项工作的领导核心。要进一步推进城市社区党组织的建设。要抓紧在非公有制经济组织建立党的组织和开展党的活动，加强党同在非公有制企业劳动的广大职工群众的联系。总之，党的基层组织坚强有力了，党同人民群众的联系更加紧密了，我们各项工作就可以做得更好。

江泽民强调：加强基层组织建设，很重要的一条就是要抓好基层干部队伍的作风建设。党的基层干部，处在改革开放的第一线，时刻与人民群众打交道，他们的作风如何，直接关系党的路线方针政策能否落到实处，直接影响党在群众中的形象。各级党委必须切实抓好基层干部队伍的作风建设。广大基层干部必须坚持不懈地发扬党的优良传统和作风，紧紧依靠人民群众，并带领人民群众在改革开放的道路上努力创造幸福生活。

党和人民的事业的发展，要求广大基层干部坚持发扬求是精神和务实作风。必须深入群众、深入实际，真正了解群众的愿望，认真倾听群众的呼声，把维护和实现人民群众的根本利益作为我们落实党的路线方针政策的基点；必须脚踏实地，苦干实干，多抓落实工作，多为群众排忧解难，以给群众带来更多的实惠作为检验工作成效的标准；必须坚决反对和克服形式主义、官僚主义，不图虚名，不搞浮夸，以实实在在的工作成绩密切党群关系，赢得群众的拥护和信赖。

江泽民指出：基层干部工作很辛苦，遇到的困难和问题往往很多，各级党委都要关心和支持他们的工作，同时要帮助他们不断提高思想政治水平和工作能力。只要切实把基层干部队伍建设得更加坚强了，我们党就一定能够更好地带领人民群众在新的世纪里创造新的伟大业绩。中央决定，从去冬今春开始，用两年左右的时间，在全国县（市）部门、乡镇、村领导班子和基层干部中开展“三个代表”学习教育活动。这是我们党在新世纪解决好农业、农村和农民问题的一项重要基础建设，是事关改革、发展、稳定全局的一件大事。开展这项活动，要着眼于提高广大农村基层干部的整体素质，着眼于解决当前农村存在的突出问题，着眼于维护和发展广大农民的根本利益，把学习教育与促进农村工作密切结合起来。要加强领导和具体指导，及时总结经验，切实解决遇到的问题，按照中央的部署，努力抓出实实在在的成效。

本篇讲话提出进一步把党建设得更好，最根本的一条，就是要适应新形势新任务的要求，把“三个代表”要求切实落实到党的思想建设、组织建设和作风建设中去。江泽民提出，加强基层组织建设，很重要的一条就是要抓好基层干部队伍作风建设。党的基层干部，处在改革开放的第一线，时刻与人民群众打交道，他们的作风如何，直接关系党的路线方针政策能否落到实处，直接影响党在群众中的形象。这些论述对于我们加强和改进党的作风建设，充分发挥基层党组织的战斗堡垒作用，具有极为重要的现实意义。

第十二篇

在庆祝中国共产党成立八十周年大会上的讲话

（二〇〇一年七月一日）

这是一篇马克思主义的纲领性文献。1921 年 7 月，中国共产党第一次全国代表大会在上海召开。80 年前中国共产党诞生之时，党员只有 50 几人，面对的是一个灾难深重的旧中国。80 年后的今天，我们党已成为在全国执政 50 多年、拥有 6400 多万党员的大党，中国人民已拥有一个欣欣向荣的社会主义祖国。这个巨大变化，是中华民族发展的一个历史奇迹。2001 年 7 月 1 日，庆祝中国共产党成立 80 周年大会在人民大会堂隆重召开，江泽民在会上发表了重要讲话。本篇就是讲话的全文。

讲话分为四个部分。

第一部分：中国共产党 80 年的奋斗业绩和基本经验

江泽民指出：从鸦片战争到中国共产党成立，从中国共产党成立到现在，中国经历了截然不同的两个 80 年。在前 80 年中，封建统治者丧权辱国，社会战乱不断，国家积贫积弱，人民饥寒交迫。在后 80 年中，中国人民在中国共产党的领导下空前团结和组织起来，冲破重重难关，革命斗争不断胜利；新中国成立后，经济社会快速发展，国家日益昌盛，人民的社会地位、物质生活水平和文化教育水平显著提高。从这前后两个 80 年的比较中，中国人民和中华民族一切爱国力量深深认识到，中国能从最悲惨的境遇向着光明的前途实现伟大的历史转变，就是因为有了中国共产党的领导。没有共产党，就没有新中国。有了共产党，中国的面貌就焕然一新。这是中国人民从长期奋斗历程中得到的最基本最重要的结论。

我们党领导人民奋斗 80 年取得了一系列重要成就：我们完成了新民主主义革命任务，实现了民族独立和人民解放。我们建立了社会主义制度，实现了中国历史上最广泛最深刻的社会变革。我们开创了建设中国特色社会主义事业，为实现中华民族的伟大复兴开创了正确道路。我们建立了人民民主专政的国家政权，中国人民掌握了自己的命运。我们建立了独立的和比较完整的国民经济体系，经济实力和综合国力显著增强。我们不断发展社会主义文化，全国人民的精神生活日益丰富。我们彻底结束了旧中国一盘散沙的局面，实现了国家的高度统一和各民族的空前团结。我们废除了西方列强强加的不平等条约和帝国主义在中国的一切特权。我们锻造了一支党绝对领导下的人民军队，建立起巩固的国防。我们坚持独立自主的和平外交政策，为世界和平与发展的崇高事业作出了重要贡献。我们彻底结束了中国近代以来屈辱外交的历史，有力地维护了国家的主权、安全和民族尊严。事实充分证明，中国共产党不愧为伟大、光荣、正确的马克思主义政党，不愧为领导中国人民不断开创新事业的核心力量。

中国革命、建设和改革的卓越成就，是全国各族人民共同奋斗的结果，是近代以来中国一切仁人志士前赴后继不懈努力的结果，也是一代代中国共产党人无私奉献的结果。

江泽民指出：中国共产党的80年，是把马克思列宁主义同中国实践相结合而不断追求真理、开拓创新的80年，是为民族解放、国家富强和人民幸福而不断艰苦奋斗、发愤图强的80年，是为完成肩负的历史使命而不断经受考验、发展壮大的80年。

江泽民深刻总结了80年来的历史经验，指出：80年的实践启示我们，必须始终坚持马克思主义基本原理同中国具体实际相结合，坚持科学理论的指导，坚定不移地走自己的路。80年的实践启示我们，必须始终紧紧依靠人民群众，诚心诚意为人民谋利益，从人民群众中汲取前进的不竭力量。80年的实践还启示我们，必须始终自觉地加强和改进党的建设，不断增强党的创造力、凝聚力和战斗力，永葆党的生机和活力。我们必须继续围绕在新的历史条件下建设一个什么样的党和怎样建设党这个基本问题，进一步解决提高党的执政能力和领导水平、提高拒腐防变和抵御风险能力这两大历史性课题，全面推进党的建设新的伟大工程。总结80年的奋斗历程和基本经验，展望新世纪的艰巨任务和光明前途，我们党要继续站在时代前列，带领人民胜利前进，归结起来，就是必须始终代表中国先进生产力的发展要求，代表中国先进文化的前进方向，代表中国最广大人民的根本利益。

第二部分：正确认识和全面贯彻“三个代表”要求

江泽民指出：在新的世纪，继续推进现代化建设，完成祖国统一大业，维护世界和平与促进共同发展，是我们党肩负的重大历史任务。面对国内外形势的深刻变化，我们党要紧跟世界进步的潮流，团结和带领全国各族人民抓住机遇、迎接挑战，胜利完成这三大历史任务，必须坚定不移地贯彻落实“三个代表”要求。“三个代表”要求，是我们党的立党之本、执政之基、力量之源，也是我们在新世纪全面推进党的建设，不断推进理论创新、制度创新和科技创新，不断夺取建设中国特色社会主义事业新胜利的根本要求。

江泽民指出：我们党要始终代表中国先进生产力的发展要求，就是党的理论、路线、纲领、方针、政策和各项工作，必须努力符合生产力发展的规律，体现不断推动社会生产力的解放和发展的要求，尤其要体现推动先进生产力发展的要求，通过发展生产力不断提高人民群众的生活水平。敏锐地把握我国社会生产力的发展趋势和要求，坚持以经济建设为中心，通过制定和实施正确的路线方针政策，采取切实的工作步骤，不断促进先进生产力的发展，这是我们党始终站在时代前列，保持先进性的根本体现和根本要求。我们党要始终代表中国先进文化的前进方向，就是党的理论、路线、纲领、方针、政策和各项工作，必须努力体现发展面向现代化、面向世界、面向未来的，民族的科学的大众的社会主义文化的要求，促进全民族思想道德素质和科学文化素质的不断提高，为我国经济发展和社会进步提供精神动力和智力支持。我们党要始终代表中国最广大人民的根本利益，就是党的理论、路线、纲领、方针、政策和各项工作，必须坚持把人民的根本利益作为出发点和归宿，充分发挥人民群众的积极性主动性创造性，在社会不断发展进步的基础上，使人民群众不断获得切实的经济、政治、文化利益。

江泽民强调指出：代表中国先进生产力的发展要求，代表中国先进文化的前进方向，代表中国最广大人民的根本利益，是统一的整体，相互联系，相互促进。发展先进的生产力，是发展先进文化，实现最广大人民根本利益的基础条件。人民群众是先进生产力和先进文化的创造主体，也是实现自身利益的根本力量。不断发展先进生产力和先进文化，归根到底都是为了满足人民群众日益增长的物质文化生活需要，不断实现最广大人民的根本利益。“三个代表”要求，是我们党保持先进性、始终成为建设中国特色社会主义坚强领导核心的基本要求，与坚持马克思列宁主义、毛泽东思想、邓小平理论，坚持党的工人阶级先锋队性质和全心全意为人民服务的宗旨是一致的。全党同志一定要坚持把全面落实“三个代表”要求，统一于党的建设的各个方面，统一于党领导人民进行改革开放和社会主义现代化建设的全过程。

第三部分：按照“三个代表”要求加强和改进党的建设

江泽民指出：贯彻“三个代表”要求，我们必须坚持党的解放思想、实事求是的思想路线，大力发扬求真务实、勇于创新的精神，创造性地推进党和国家的各项工作，在实践中不断丰富和发展马克思主义。贯彻“三个代表”要求，我们必须坚持党的工人阶级先锋队的性质，始终保持党的先进性，同时要根据经济发展和社会进步的实际，不断增强党的阶级基础和扩大党的群众基础，不断提高党的社会影响力。贯彻“三个代表”要求，我们必须坚持民主集中制，建立健全科学的领导体制和工作机制，充分发扬党内民主，坚决维护党的集中统一，保持并不断增强党的活力。贯彻“三个代表”要求，我们必须全面贯彻干部队伍革命化、年轻化、知识化、专业化的方针和德才兼备的原则，深化干部人事制度改革，努力建设一支高素质的、能够担当重任、经得起风浪考验的干部队伍。贯彻“三个代表”要求，我们必须坚持党要管党的原则和从严治党的方针，各级党组织必须对党员干部严格要求、严格教育、严格管理、严格监督，坚决克服党内存在的消极腐败现象。

江泽民指出；面对我们肩负的历史重任，面对国际国内各种复杂因素的影响和各种风险的考验，我们党要始终成为中国工人阶级先锋队，同时成为中国人民和中华民族的先锋队，成为中国先进生产力的发展要求、中国先进文化的前进方向和中国最广大人民的根本利益的忠实代表，成为建设中国特色社会主义事业的领导核心，就必须不断加强和改进党的建设，努力把全体党员锻炼成坚定的共产党人。

第四部分：继续为实现党的基本路线和历史任务而奋斗

江泽民指出：一个政党的纲领就是一面旗帜。在革命、建设和改革的各个历史阶段中，我们党既有每个阶段的基本纲领即最低纲领，也有确定长远奋斗目标的最高纲领。我们是最低纲领与最高纲领的统一论者。全党同志既要树立共产主义的远大理想，坚定信念，以高尚的思想道德要求和鞭策自己，更要脚踏实地地为实现党在现阶段的基本纲领而不懈努力，扎扎实实地做好现阶段的每一项工作。忘记远大理想而只顾眼前，就会失去前进方向；离开现实工作而空谈远大理想，就会脱离实际。

我国现在处于并将长期处于社会主义初级阶段。社会主义初级阶段，是整个建设中国特色社会主义的很长历史过程中的初始阶段。随着经济发展和社会全面进步，将来条件具备时，我国社会主义建设会进入更高的发展阶段。全党同志必须坚定不移地贯彻党在社会主义初级阶段的基本路线，始终以经济建设为中心，坚持四项基本原则，坚持改革开放，为实现党在现阶段的基本纲领而奋斗，不断把建设中国特色社会主义事业向着未来推进。

江泽民强调指出：我们要在发展社会主义社会物质文明和精神文明的基础上，不断推进人的全面发展。要尽快地使全国人民都过上殷实的小康生活，并不断向更高水平前进。要充分发挥人民群众的主观能动性和伟大创造精神，保证人民群众依法管理好自己的事情，实现自己的愿望和利益。继续推进政治体制改革，发展社会主义民主政治，健全社会主义法制，保证人民充分行使民主选举、民主决策、民主管理、民主监督的权利。要努力提高全民族的思想道德素质和科学文化素质，实现人们思想和精神生活的全面发展。要促进人和自然的协调与和谐，使人们在优美的生态环境中工作和生活。坚持实施可持续发展战略，正确处理经济发展同人口、资源、环境的关系，改善生态环境和美化生活环境，改善公共设施和社会福利设施。努力开创生产发展、生活富裕和生态良好的文明发展道路。在新的形势下，为了保卫国家安全，维护祖国统一，我们必须在经济发展的基础上继续积极推进国防和军队的现代化，不断增强国防实力。中国共产党人维护国家主权和领土完整的立场是坚定不移的。我们有最大的诚意努力实现和平统一，但不能承诺放弃使用武力，我们完全有能力制止任何“台独”分裂图谋。结束祖国大陆同台湾分离的局面，实现祖国的完全统一，是中国共产党人义不容辞的使命。

江泽民指出：中国对外政策的宗旨，就是维护世界和平，促进共同发展。我们坚持奉行独立自主的和平外交政策，在和平共处五项原则的基础上同世界上一切国家友好交往、平等相待，互利合作，推动人类进步事业不断前进。中国共产党将在独立自主、完全平等、相互尊重、互不干涉内部事务原则的基础上，同世界各国政党、政治组织广泛交往，加强合作，促进人民之间的友谊和国家关系的发展。

江泽民在庆祝中国共产党成立80周年大会上的讲话高屋建瓴，气势磅礴，内涵丰富，思想深刻，是一篇重要的文献。本篇运用马克思主义的立场、观点、方法，对党和国家一系列重大问题进行了精辟论述。深刻总结了我们党领导中国革命、建设和改革的基本经验，为我们正确认识党和人民的奋斗历史，运用党的历史经验去开辟未来，提供了重要的理论指导和科学的思想方法。江泽民在讲话中深刻阐述了“三个代表”的科学内涵和精神实质，为全面、正确地理解“三个代表”重要思想指明了方向。讲话明确提出了按照“三个代表”要求加强和改进党的建设的战略任务，从新的世纪出发深刻回答了当时人们关心的带有根本性、全局性的重大理论和实践问题，是新形势下党的建设的重要指针。讲话深刻阐述了党的最高纲领和最低纲领的辩证统一关系，进一步指明了党在新世纪的历史任务和奋斗目标。讲话顺应时代潮流，把握发展主题，通篇贯穿着解放思想、实事求是的思想路线，体现了继往开来、与时俱进的奋斗和创新精神，政治性、针对性、理论性都很强。是在新的历史条件下对马克思、列宁主义、毛泽东思想、邓小平理论的运用、继承和发展，为我们党在新世纪迎接新考验、赢得新胜利提供了强大的思想武器。

第二部分　综述学习解读

第一章

科学判断党的历史方位

——“三个代表”重要思想形成的背景

“三个代表”重要思想是在科学判断党的历史方位的基础上提出来的。我们党历经革命、建设和改革，已经从领导人民为夺取全国政权而奋斗的党，成为领导人民掌握全国政权并长期执政的党；已经从受到外部封锁和实行计划经济条件下领导国家建设的党，成为对外开放和发展社会主义市场经济条件下领导国家建设的党。党所面临的世情、国情、党情，都发生了新的重大变化。世纪之交国际局势的深刻变化，是“三个代表”重要思想形成的时代背景；改革开放 20 多年特别是党的十三届四中全会后 13 年，党和人民建设中国特色社会主义的伟大探索，是“三个代表”重要思想形成的实践基础；党的建设面临的新形势新任务，是“三个代表”重要思想形成的现实依据。

第一节 把握历史方位

所谓方位，就是指方向和位置。显然，历史方位就是指一种事物在社会历史发展过程中所处的时间与空间、横向与纵向的交汇状况。党的历史方位，是指党在社会发展进程中自身所处的历史地位、现实状况和未来发展定位的总和。

一、“三个代表”重要思想是在科学判断党的历史方位的基础上提出来的

中国共产党要科学判断自己所处的历史方位，就必须认清历史方位的特性。历史方位是一个十分重要的概念。它是就一定社会主体所处的历史位置而言的，具有鲜明的时空感。那么，什么是历史方位呢？

从时间意义上讲，历史方位是历史发展过程中的一个点或主要是一个时间段；从空间意义上讲，历史方位是以当时历史全貌为参照的一个局部。比如1990年至2000年期间的处于世界形势中的中国的状况，这里，世界形势就是历史全貌，中国的状况就是局部。党所处的历史方位不同，面临的形势、所要完成的历史任务和具体奋斗目标也就有所不同，能否对所处的历史方位有一个准确判断，关系到党制定的纲领、路线、方针、政策正确与否，关系到党的事业的兴衰成败。可见，科学判断党的历史方位有着重要意义。

中国共产党在历史上对党的历史方位所作的判断中，曾经有过经验教训，认清党自身所处的历史方位既至关重要，又决非易事。从新民主主义革命到社会主义革命和社会主义建设，再到改革开放和社会主义现代化建设，其成功都离不开正确认识和把握党的历史方位。而一切重大失误和失败，其症结也都同党在判断历史方位问题上的偏差和错误密切相关。

二、只有科学判断党的历史方位，才能既不割断历史，又不迷失方向

历史是人类宝贵的精神财富，给人以智慧和启迪。回顾历史，我们党诞生的20世纪20年代，中国正处于半殖民地半封建的社会，党的历史使命是争取民族独立、人民解放。以毛泽东为代表的中国共产党人，经历了两次胜利和两次失败的艰辛探索，对党的历史方位作出了科学的判断，即当时的中国处于半殖民地半封建社会。以此为出发点，确立了正确的新民主主义革命的理论、路线和方针政策，夺取了全国革命的胜利。

随着时间推移，我们党所处的客观环境和战略任务都发生了重大变化，即党的历史方位有了变化，党的使命是努力实现国家富强、人民富裕。在继承历史和总结经验的基础上，我们党着眼于新的实践，科学判断自己的历史方位，确立了中国特色社会主义的理论、路线和方针政策。面对新的历史条件，坚持马克思列宁主义、毛泽东思想，高举邓小平理论伟大旗帜，坚持党的宗旨和最终目标，加快推进中国特色社会主义的宏伟事业，取得了一系列的重大成就。正如江泽民同志指出的：作为一个马克思主义的政党，必须始终注意总结历史，善于运用辩证唯物主义和历史唯物主义的世界观、方法论，从对历史规律的不断认识和把握中找到指导我们前进的正确方向、道路与经验，不断开辟未来发展的新境界。

三、只有科学判断党的历史方位，才能既不僵化教条，又不盲目冒进

党的历史方位是客观存在的，任何人都不可能改变党的历史方位，只能努力认识并尽力把握其发展规律和根本走向，适应并遵循其性质特点和前进目标，提出正确的理论、路线、方针和政策，推动党的事业向前发展。

党的历史方位又是具体的，每一政党自身情况不同，面对的形势、

环境不同，所处的历史阶段不同，都有各自不同的具体任务。我们党的历史方位是动态的，随着时代和实践的发展而发展，这就决定了判断党的历史方位不是一劳永逸的，而是贯穿于党的存在与发展之中。只有客观、具体、动态地判断党的历史方位，党才能避免僵化教条，克服主观主义和经验主义，实事求是地制定不同发展阶段的理论、路线、纲领和政策，才能得到广大人民群众的支持和拥护。

四、只有科学判断党的历史方位，才能既不落后于时代，又不超越阶段

任何政党，如果漠视形势的发展，依旧按老路子办事，势必落后于时代，最终被时代淘汰。如果不顾客观现实和具体条件，盲目冒进，超越阶段，势必欲速而不达，受到历史的惩罚。

不能正确地判断党所处的历史方位，就会犯严重的错误，我们党对此曾有过惨痛的教训。幼年的中国共产党在大革命后期犯了右倾机会主义错误，使革命遭受挫折；继而又发生“左”倾教条主义和冒险主义的错误，对革命造成极大的危害，几乎断送了中国革命。毛泽东同志科学分析了我们党作为无产阶级先锋队而处于农民占人口绝大多数的社会实际，承担着反帝反封建民主革命任务。在这个具体历史条件下，他坚持把马克思主义的基本原理与中国革命的具体实际相结合，走农村包围城市的道路，把中国革命引向了胜利。进入社会主义建设时期，由于脱离中国实际，发起“大跃进”，最后导致“文化大革命”的发生，造成严重失误。邓小平同志科学判断党所处的历史方位，提出从社会主义初级阶段的实际出发，实行改革开放，建设中国特色的社会主义，把马克思主义的基本原理同中国建设的具体实际相结合，取得了总体达到小康水平的巨大成就。

由此可见，我们党能否科学判断所处的历史方位，是一个极为重要的问题。党的历史证明：什么时候能够科学判断党所处的历史方位，党的事业就顺利发展；什么时候未能把握党的历史方位，党的事业就遭受

挫折。

历史方位的判断是一个动态的认识过程。综观世纪之交，世界在飞速发展，中国也发生了巨大变化，党内正面临着诸多新情况、新问题。这就要求我们必须从中国和世界的历史、现状和未来着眼，准确把握时代特点和党的任务，从世情、国情和党情的各个角度，深刻分析中国共产党所处的历史方位。

第二节　世情：国际局势的深刻变化

世纪之交，国际形势跌宕起伏，复杂多变，新情况、新问题不断涌现。国际政治、经济和社会发展出现了深刻的变动，社会主义中国在激烈的国际竞争中面临着各种严峻的考验和挑战。和平与发展两大问题虽然一个也没有解决，但是这个大趋势是不可能改变的。20 世纪两次世界大战造成的灾难，使人们都特别渴望过上稳定安宁的生活。总体和平、局部战争；总体缓和、局部紧张；总体稳定、局部动荡，是国际局势的基本态势。首先是霸权主义和强权政治依然对世界和平与稳定构成主要威胁；其次是局部地区出现紧张、动荡局面，中亚、南亚和中东地区的固有矛盾有激化的趋势；再次是国际恐怖主义等非传统安全因素的影响在上升；最后是世界各大国之间，战略利益碰撞和政治摩擦仍比较突出，而发展中国家联合图强的趋势在增强。冷战是对峙中的平衡，而冷战之后则是平衡的偏斜，是一极与多极的较量，是单边与多边的抗衡。世界要和平，人民要合作，国家要发展，社会要进步，已经成为当今时代的潮流。

新的世界大战在可预见的时期内还打不起来，争取较长时期的国际和平环境和良好的周边环境是可以实现的，这从总体上给我国发展创造了有利的外部条件，但也有不可预测的因素，也会带来诸多的挑战和风险。“三个代表”重要思想是在对 20 世纪最后 10 年国际局势科学判断的基础上形成的。当今国际局势的深刻变化，是“三个代表”重要思想形成的时代背景。

一、政治多极化带来的机遇和挑战

二战结束后，雅尔塔体系确定的世界格局，从两大阵营到两极世界，主要是围绕美苏对立展开的。两极格局在20世纪90年代随着苏联解体、东欧剧变发生了重大变化，两极对峙的“冷战”结束，打破了两个超级大国争夺世界霸权的平衡状态，各种力量重新分化组合，世界正朝着多极化方向发展。苏联的解体使美国成为世界上唯一的超级大国，美国利用这一形势，力图建立由其主宰的单极世界，推行霸权主义和强权政治，强行主宰国际事务，安排决定弱小国家和民族的命运，企图把西方的制度、观念及其政治统治和经济剥削强加给世界。对敢于不顺从其霸权意志的国家，他们动辄进行经济、军事威胁或直接经济制裁、军事干涉。而广大发展中国家，也包括一些发达国家，则主张建立多极世界。超级大国受到的牵制很多，难以为所欲为。实现单极世界还是多极世界仍是今后国际斗争的一个焦点。

多极化是大势所趋，不可逆转，但多极格局的形成，要通过逐步改变世界各国和各地区之间的力量对比，需经历一个长期、复杂、渐进的曲折过程。由于历史积怨、格局转换、民族矛盾、宗教对立、力量失衡、外部插手、资源纠纷、武器扩散等因素而导致的局部战争和武装冲突时起时伏，并一度出现增多的势头。作为负责任的大国，又是联合国安理会常任理事国，怎样在新的复杂世界局势中起到应有的作用，对中国来说是一个很大的考验。

二、经济全球化带来的机遇和挑战

全球化是一个必然趋势，但对发展中国家来说是一把双刃剑，既有机遇又有挑战。经济全球化说到底，就是全球范围资源的市场配置，是各国之间在经济实力、国防实力、民族凝聚力等综合国力的竞争。谁拥有实力，谁就能占据优势。

随着经济全球化的不断推进，各国之间的联系越来越密切，人们之间的交往越来越频繁，世界已成为一个“地球村”，任何一个国家游离于世界之外都难以发展。为此，实现资源的最佳配置和经济效益最大化，成为各国首要的关注点。经济交往的日益频繁，使经济全球化进入了高速发展阶段。特别是以信息技术为代表的当代科技革命，极大地改变了原有世界的时空距离，使全球化达到了一个前所未有的高度。

经济全球化过程中资源的全球化配置、人才的全球范围争夺、经济风险的全球共担、社会生产的全球性分工，都将使国家之间的竞争更加激烈。各国尤其是各大国都在谋求自身的发展和进步，形势逼人，不进则退。经济全球化的发展，不仅使传统经济活动走向全球化，而且带动了政治、思想、文化等在全球范围内的渗透和冲击。与此相应的社会文化、生活方式等也日益超脱地理界限而相互交融。以美国为首的西方发达国家，凭借其在经济、科技、军事等方面所拥有的雄厚实力，抑制新兴国家的崛起，维护其垄断地位。竞争是残酷的，既充满着挑战，也有机遇。

在利弊相伴的经济全球化面前，只有迎接挑战，才能抓住机遇。发展中国家从总体上说，在经济全球化中处于弱势地位。落后的现实要求发展中国家尽可能地对外开放，融入经济全球化的进程。但是，它们经济落后，不健全的国内体制、制度又相对脆弱，缺乏抵御经济全球化风险的能力。如何抓住机遇、应对挑战，对社会主义中国是一个严峻的考验。

我们党作为长期的执政党，对国家的发展负有义不容辞的责任。怎样提高驾驭全局的能力，趋利避害，化解风险，变被动为主动，化劣势为优势，在参与经济全球化过程中加快推进中国特色社会主义的宏伟事业，给党提出了新的更高要求。

三、科技进步带来的机遇和挑战

人类社会发生过多次科技革命，每一次科技革命都会给各个民族和国家带来振兴的机遇，同时也淘汰一些保守封闭的国家。近代以来，世界经历了三次技术革命，18 世纪末、19 世纪初以蒸汽机为主要标志的第一次技术革命，英国借此一跃成为称霸全球 200 年的“日不落帝国”。19 世纪末、20 世纪初以电力的应用为主要标志的第二次技术革命，欧洲强国和美国大步前进。20 世纪中叶以原子能、电子技术和空间技术为主要标志的第三次技术革命，美、日等国抓住了契机，通过产业结构的调整，获得了快速发展。近 30 年科技的新发现和新发明，超过以往 2000 年的总和，而未来 30 年还将再翻一番。

当今世界的综合国力竞争，突出表现之一是科技实力的竞争。因此，各个国家和地区都在抢占科技这个综合国力竞争的制高点。从目前来看，当代世界科学技术发展趋势的特点主要表现在：以信息技术为主要标志的高新技术革命来势迅猛，高科技向现实生产力的转化越来越快，高新技术产业在整个经济中的比重不断增加；经济与科技的结合日益紧密，国际间科技、经济的交流合作不断扩大，产业技术升级加快，国际经济结构加速重组，科技、经济越来越趋于信息化、全球化；科技革命创造了新的技术经济体系，产生了新的生产管理和组织形式，大大推动了世界经济的增长，各国更加重视科技人才、教育的基础作用。科学技术不仅促进了各国的经济增长模式、产业构成、经济体制、社会结构、教育制度、文化取向等发生深刻变化，而且也对各国的内、外政策提出了新的课题。

四、各种思想文化相互激荡

在世界政治多极化、经济全球化和科学技术迅猛发展的情况下，世界思想文化领域也呈现出错综复杂的新态势。各种思想文化、意识形态纷纷登场，形形色色的社会思潮、价值观念相互激荡。一方面，这有利于先进的思想文化在比较和吸收各种优秀文化成果的基础上发展完善自己；另一方面，一些错误的、腐朽的思想文化也会大量渗透我国，严重冲击我国的思想文化阵地，对社会主义精神文明建设造成消极影响。

尤其是西方的敌对势力，竭力向社会主义国家推行它们的意识形态，继续加紧对我国实施“西化”“分化”图谋，通过经济、政治、社会、文化、军事、外交、宗教等各种手段进行渗透和遏制，图谋打一场“没有硝烟的战争”。大众传媒的迅速发展，特别是互联网的广泛应用，使西方文化对青少年一代影响的机会大大增加。我们党能否建设社会主义的先进文化，提高全民族的思想素质，也是党在思想文化领域面临的不可回避的严峻任务。

如何克服困难、战胜风险、抓住机遇、发展自己，在复杂多变的国际局势和激烈的国际竞争中始终立于不败之地，是中国共产党在世纪之交必须解决的重大课题。

第三节 国情：多元利益的交织与变动

“三个代表”重要思想是在对当代中国发展变化科学认识的基础上形成的。党的十一届三中全会以来，我国改革开放取得了伟大成就。特别是十三届四中全会以后的十几年里，国际局势风云变幻，我国改革开放和现代化建设的进程波澜壮阔。我们党从容应对一系列关系我国主权和安全的国际突发事件，战胜在政治、经济领域和自然界出现的困难和风险，经受住一次又一次考验，排除各种干扰，保证了改革开放和现代化建设的航船始终沿着正确的方向破浪前进。

1995 年，我们已经胜利实现了现代化建设“三步走”战略的前两步目标，进入了全面建设小康社会、加快推进社会主义现代化新的发展阶段。在这一过程中，我们党坚持和完善社会主义公有制为主体、多种所有制经济共同发展的基本经济制度；坚持和完善社会主义市场经济体制，使市场在国家宏观调控下对资源配置起着基础性作用，生产力水平大幅度跃升，综合国力显著增强，国际地位进一步提高，政治稳定、民族团结、社会进步，人民生活总体上达到小康水平，社会主义中国充满活力。随着改革开放和社会主义市场经济的发展，社会经济成分、组织形式、就业方式、利益关系和分配方式日益多样化。加入世贸组织，给我国经济社会带来深刻影响。这给我们党执政和领导各项事业提出了新的更高要求。

一、社会生活多元化

在过去计划经济体制下，党员、群众基本上都在政府直接管理的部门或单位工作，党的组织和领导主要通过从上到下组织严密的部门和单位来实施。现在，在党政机关、事业单位和国有企业之外，出现了新的经济组织和社会活动领域。很多人在非公有制经济领域中就业，不少人自谋职业。农村实行承包责任制后，农民与基层组织的关系也与过去不同了。社会主义市场经济的发展，使人们在就业和生产经营活动方面的自主性、灵活性比过去大为增强。在这种情况下，如何使党的领导更加切实有效地覆盖社会和经济的广泛领域，是一个我们必须认真面对和解决的重大问题。

二、就业、分配等方面出现了多样性

其表现在于，既有在国有企业工作的职工，也有在非公有制企业中工作的职工；既有在技术、知识、资本密集的企业工作的职工，也有在劳动密集的企业工作的职工；还有相当一部分困难企业的职工和下岗职工。农村除部分农民继续务农外，也出现了农民企业家、乡镇企业职工、专业户和进城务工的农民工。部分地区农村还存在相当数量的贫困人口。应当看到，我国各族人民的根本利益是一致的，但是，由于劳动性质、就业方式、收入分配等条件的变化，不同地区、不同部门、不同职业群众的具体利益又会有这样那样的差别。按照国际通行的判定标准，中国居民收入的基尼系数从 1980 年的 0.33 不断增大，到 1994 年突破警戒临界点 0.4，2005 年已超过了 0.45。这就是说，收入分配差距问题已成为中国当前社会问题中最引人注目的问题之一。在这样的情况下，我们党如何更好地代表最广大人民群众的根本利益和不同社会群体的具体利益，如何处理好效率与公平的关系，是一个关系到党的领导能否有效实施的重大问题。

三、私营企业发展加快

截至2001年底，全国私营企业突破202万户，加上个体工商户，从业人员约2.7亿人；共创产值1.2万亿元，比上年同期增长14.69%。无论从经济实力上看还是从就业人数上看，分量都不轻。从前后几年的比较上看，私营企业蓬勃发展的势头非常明显。这给我们提出了一个新的课题，即如何在私营企业等非公有制经济领域中坚持共产党的领导，切实把这些领域的群众团结和组织在党的周围；如何在充分发挥国有经济控制国民经济命脉并对经济发展起主导作用的同时，积极鼓励和引导非公有制经济健康发展，促进它们在国内外市场竞争中增强竞争力。

四、不同的利益要求不可避免

党的十一届三中全会以来，广大人民群众深切感受到自己的物质文化生活的显著改善，因而衷心拥护改革开放的路线方针政策。另一方面，改革又是一种利益结构的深刻调整，一些地区和部门的一部分人的利益必然会受到冲击。社会主义市场经济优化了资源配置方式，使社会财富得到更快的增加，有的地区、部门和个人可能先富起来。产业结构的剧烈调整会导致技术落后、产品没有市场的企业被淘汰，一些职工可能因此而下岗。另外，由于法制和法规的不完善、不健全，一些人凭借行业垄断和某些特殊条件获得额外收入，甚至侵吞国有财产、偷税漏税、进行权钱交易等现象也时有发生。

这些问题的存在，不仅要求我们党的方针政策更好地保证和满足群众实现自己的合理诉求，也要求党更好地发挥总揽全局、协调各方的领导作用，把全国人民和各方面的积极性调动好、保护好、引导好、发挥好，为实现共同目标而奋斗。

第四节 党情：党建面临新形势、新任务

“三个代表”重要思想是在对党的现状科学分析的基础上形成的。随着党和国家事业的发展，党的队伍发生重大变化。新党员的数量大幅度增加，干部队伍新老交替不断进行，一大批年轻干部走上领导岗位。这给党的发展带来了新的活力，也提出了新的挑战。党的阶级基础在增强，群众基础在扩大。进一步提高党的领导水平和执政水平、提高拒腐防变和抵御风险的能力，是我们党必须解决好的两大历史性课题。

世纪之交，中国共产党既面临着严峻的挑战和考验，也面临着巨大的机遇和承担着前所未有的重任，同样，也面临着党自身发展的新突破。经过80多年的发展，我们的党员队伍，党所处的地位和环境，党所肩负的任务，都发生了重大变化。面对国际国内广泛深刻的变化和党内外千头万绪的问题，需要不断增强党的创造力、凝聚力和战斗力，永葆党的生机和活力。这是“三个代表”重要思想产生的党内环境，即党情。

一、中国共产党面临艰巨的历史任务

经过长期的发展，我们党已经从一个领导人民为夺取全国政权而奋斗的党，成为一个领导人民掌握着全国政权并长期执政的党；已经从一个在受到外部封锁的状态下领导国家建设的党，成为在全面改革开放条件下领导国家建设的党。推进现代化建设、完成祖国统一、维护世界和平与促进共同发展，是我们党在新世纪的三大历史任务。要完成我们党所肩负的伟大历史使命，党必须带领全国人民抓住机遇，坚持深化改革，扩大开放，促进发展，保持稳定，通过艰苦不懈的努力去实现我们的奋斗目标。

二、党员队伍的数量和结构出现了重大变化

我们党由一个成立之初只有50多人的小党，发展成为领导13亿人

口进行社会主义现代化建设的世界第一大执政党。改革开放20多年后，党员的数量迅速增长，年轻党员大量涌现，全国党员的数量由3500万人发展到6 600多万人，平均每年净增146万人，其中1966年以后入党的党员已超过80%。21世纪初，党员人数约占全国人口总数的5.2%。

与此同时，党员队伍的构成也发生了新的变化。战争年代，党员70%以上是农民出身；新中国建国后，工农成分的党员也占了党员队伍的绝大多数。而进入新时期后，一些非工农职业的劳动者、企业管理人员甚至一些以资本要素参与分配的人也开始加入党的组织。党员的经济地位和经济条件也发生了变化。战争年代和计划经济时期，党员的经济地位大致相同，而在社会主义市场经济条件下，一方面高收入的社会阶层已经形成，另一方面，社会贫困阶层仍然存在，而在这两个社会阶层中都有许多党员。这些情况都对我们如何保证党员的质量和保持党的工人阶级先锋队性质，提出了重大而又现实的新课题。

三、党的干部队伍正在进行整体性新老交替

不仅新中国成立前成长起来的干部，而且“文化大革命”前党培养出来的干部，都将陆续退下来，一大批在新时期成长起来的年轻干部要走上各级领导岗位。这些同志文化水平较高，眼界开阔，知识面宽，善于接受新事物，有朝气，增加了党的活力。但他们对党的优良传统和作风知之不多，缺乏切身感受。党的十六大前各省换届改选之后，31个省区市的党委书记平均年龄已降到51.86岁。这些同志大多数是复合型人才，有较强的开拓创新意识，而与老一代领导同志相比，政治资历浅，没有显赫战功，要想得到百姓的认可和支持，只能依靠其为公众服务的精神和能力。正如江泽民指出的那样：“现在40岁上下的年轻干部，一般都接受了马克思主义和党的优良传统的教育，但还不够系统、扎实。他们对中国的历史和现状有不少了解，但还不够深入、广泛。他们也经受了一定的党内生活和社会实践的锻炼，但还不够全面、严格。也就是说，这一代年轻干部，还缺乏马克思主义基本理论的扎实功底，缺乏对中国历史和现实的系统了解，缺乏党内生活和艰苦环境的严格锻炼。”因此，新世纪加强党的建设，关键是建设一支适应社会主义现代化建设要求的高素质干部队伍，这直接关系到中国特色社会主义建设宏伟目标能否实现。

四、要把中国的事情办好，关键取决于我们党

党执政时间越长，越要警惕可能带来的负面影响。经过这些年来的努力工作，我们党的自身建设取得了很大的成绩和进展，但也存在一些突出的问题，就是党的建设还有不少地方同新形势新任务不相适应，党内在思想上、组织上、作风上存在不少亟待解决的问题。有的基层党组织涣散，一些党员理想信念动摇，少数干部官僚主义、形式主义严重，有的甚至禁不住金钱、权力、美色的诱惑等等。党风不正直接损害人民群众的切身利益，削弱党的战斗力和凝聚力，败坏党的形象，影响党的威信。如何保持党的先进性和纯洁性，全面提高干部队伍素质，对我们这个长期执政的党提出了严峻的挑战。

首先，从政治上讲，由于党长期执政，有些领导干部产生了错误的思想，把党和人民赋予的职权用来换取不合理的非法私利；腐败现象有蔓延加剧的趋势。腐败现象表现为大案要案多，据中纪委的材料，从1993年以来，中纪委查处的省部级干部呈上升趋势，1993年到1995年，查处17人，平均每年5.7人；1996年到1998年查处32人，平均每年10.7人；1999年到2001年，查处54人，平均每年18人。

其次，在组织上，主要表现是党员队伍年龄老化。据上海市委组织部材料，在2000年，全市128万党员的平均年龄达到50.79岁，其中25岁以下仅占3.74%，26岁至45岁占29.18%，46岁至60岁占38.03%，61岁以上占29.05%。这种年龄结构，必将影响党的生机和活力。再次，党员队伍文化程度偏低。据中组部材料，当时全国6450万党员中，大专以上学历的占21.1%，中专（包括高中）占29%，初中以下占19.8%，这样的知识结构要适应新形势，还有大量工作要做。

最后，在思想文化上，党员队伍中存在理想信念动摇和思想僵化的问题，在参与“法轮功”非法活动的人员中，有不少是党员，有的在职和离退休干部，竟成为“法轮功”组织的骨干。

五、吸取中外政党深刻历史教训

国际共产主义运动的历史经验表明，党的建设是一个十分严峻的历史任务，也是一个十分艰难的历史过程。在一个半世纪的历史长河中，世界各国无产阶级政党在自身建设方面几乎无一例外地走了许多弯路，尤其是在党如何执政、如何巩固执政地位的问题上，留下了许多发人深省的教训。原因自然是多方面的，其中最根本的原因，就是严重背离了马克思主义建党思想的基本点，即背离了社会生产力的发展要求，背离了先进文化的前进方向，背离了广大人民群众的根本利益。

苏联解体的原因很多，但最根本的原因是没有抓好党的建设，失去了广大人民群众的支持。正如亲手将苏联共产党搞垮的戈尔巴乔夫在总结苏联解体的教训时所说：最关键的是不能失去人民的支持……失去了人民的支持，就失去了主要的资源，就会出现政治冒险家和投机家。

一部世界政党的发生发展史告诉人们，一个执政党不管它的资格多老，如果不能站在时代进步潮流的前列，不能赢得最广大人民群众的拥护，从而丧失先进性，人民就会把它抛弃。在新的历史条件下，有着80多年光辉历程的中国共产党，如何应对时代提出的考验和挑战，解决自身建设中存在的各种问题，承担起党的历史使命，需要中国共产党对此予以正确的解答。

面对世纪之交我们党所处的历史方位，联系国际社会主义运动兴衰成败的经验教训，使我们比以往任何时候都更加清醒地认识到，全面加强党的自身建设，巩固党的执政地位，不断提高领导水平和执政水平，提高拒腐防变和抵御风险的能力，跳出“其兴也勃焉，其亡也忽焉”的周期率，是我们必须认真思考的重大问题。这样的形势要求我们党坚持从新的实际出发，以改革的精神加强和改进党的建设，使党在世界形势深刻变化的历史进程中，始终走在时代前列；在应对国内外各种风险考验的历史进程中，始终成为全国人民的主心骨；在建设中国特色社会主义的历史进程中，始终成为坚强的领导核心。

总之，在世纪之交，对于中国来说，既充满生机和希望，又具有极大的风险和严峻的考验。面对着发生了巨大变动的世情、国情和党情，以江泽民为代表的中国共产党人，研究新情况，总结新经验，开拓新境界，提出了“三个代表”重要思想，对当今时代提出的许多重大课题作出了科学的回答。由此可见，党的建设所面临的新形势新任务，是“三个代表”重要思想形成的现实依据，“三个代表”重要思想的产生和形成完全是时代的要求，是中国社会发展的必然。

第二章

十三年的探索实践

——“三个代表”重要思想形成的实践基础

马克思主义认为，一切划时代的思想体系的真正内容，都是由产生这些体系的那个时期的需要构成的。从变化了的客观实际出发，能动地反映实践的要求，不断作出新的理论概括，是发展理论和创新理论的一般规律。我们党的每一次理论创新，都是适应时代特征和社会实践的新变化、新要求而实现的。

“三个代表”重要思想是根据新的历史任务提出的，这个历史任务就是：实现中华民族伟大复兴，也就是我们现在说的“中国梦”。

当代中国的问题，源起于19世纪40年代的鸦片战争，从那以后，中华民族衰落了。这就提出了一个复兴的问题。毛主席曾把这一过程概括为两步，一是争取国家的独立、民族的解放，二是发展经济，使国家富强起来。1949 年中华人民共和国成立，完成了第一个任务，这用了 100 年多一点的时间。完成第二个任务，毛主席说，这也需要 100 年的时间，即到 21 世纪中叶。他在 1962 年会见来访的英国蒙哥马利元帅时，提出了这个时间表。后来，邓小平同志具体设计了三步发展目标。所以，总共 200 年两个阶段的任务，到 2000 年已经走过了 3/4 的路程，第二个任务也已经走了一半了。21 世纪初的 20 年是关键时期，能否最终实现中华民族伟大复兴的历史重任？在新世纪到来的关键时刻，以江泽民为代表的党的第三代领导集体意识到了这种历史责任和使命。党要承担这样的历史重任，就必须进行理论上的创新和发展。“三个代表”重要思想的提出也是为完成这一历史使命的。

科学的理论，是时代精神的精华，是伟大实践的产物。江泽民指出：“‘三个代表’的思想，不是凭空产生的，而是我们十三年来在理论和实践上不断探索和开拓的结果。”当今时代和当代中国社会实践的新变化、新要求，正是“三个代表”重要思想得以孕育、产生和发展的直接源泉。“三个代表”重要思想的形成是时代的产物，是实践发展的结果和要求。改革开放以来特别是党的十三届四中全会后 13 年党和人民建设中国特色社会主义的伟大探索，是“三个代表”重要思想形成的实践基础。

第一节 “三个代表”重要思想形成过程

“三个代表”重要思想是围绕建设中国特色社会主义这个主题，在实践的基础上，通过进一步回答什么是社会主义、怎样建设社会主义和创造性地回答建设什么样的党、怎样建设党这两大问题而逐步形成的科学理论体系。大致经历了 4 个阶段：

一、从20世纪80年代末到2000年2月，是酝酿和准备阶段

党的十三届四中全会至2000年2月这段时期，江泽民同志围绕进一步回答什么是社会主义、怎样建设社会主义这一问题，主要取得了以下几个方面的理论成果：

一是确立邓小平理论在全党的指导地位。1992年党的十四大把邓小平建设中国特色社会主义理论确立为全党各项工作的根本指导方针。1997年党的十五大进一步把邓小平理论与马克思列宁主义、毛泽东思想一道确立为党的根本指导思想并写入党章。

二是树立了在实践中丰富和发展邓小平理论的科学态度。江泽民在党的十五大报告中强调指出：“坚持邓小平理论，在实践中继续丰富和创造性地发展这个理论，这是党中央领导集体和全党同志的庄严历史责任。”他还在报告中进一步提出了丰富和发展邓小平理论必须坚持“一个中心、三个着眼于”这一根本要求。他强调：“马克思列宁主义、毛泽东思想一定不能丢，丢了就丧失根本。同时一定要以我国改革开放和现代化建设的实际问题、以我们正在做的事情为中心，着眼于马克思主义理论的运用，着眼于实际问题的理论思考，着眼于新的实践和新的发展。”以此“在全党造成认真学习的风气，民主讨论的风气，积极求索的风气，求真务实的风气。坚持理论联系实际，学以致用，提高马克思主义的理论水平，提高解决实际问题的能力，在改造客观世界的同时改造主观世界。”

三是在党的十五大报告中提出了必须搞清楚什么是初级阶段的社会主义，在初级阶段怎样建设社会主义的问题，制定了党在社会主义初级阶段的基本纲领。

四是提出要把物质文明建设和精神文明建设作为统一的奋斗目标，推动社会全面进步。江泽民指出，建设中国特色社会主义，什么时候都必须做到物质文明与精神文明一起抓，既促进经济的发展，又促进社会的全面进步，这是社会主义的本质要求。

五是提出要正确处理改革、发展和稳定的关系。改革是动力，发展是目的，稳定是条件。要把改革的力度，发展的速度和社会可承受的程度协调统一起来，在社会政治稳定中推进改革、发展，在改革、发展中保持社会的稳定和国家的长治久安。

六是在党的十四大报告中明确提出我国经济体制改革的目标是建立社会主义市场经济体制。在党的十四届三中全会、十五大报告中进一步发展和完善了社会主义市场经济理论。

七是提出实施科教兴国战略和可持续发展战略。江泽民指出，科教兴国，是指全面落实科学技术是第一生产力的思想，坚持教育为本，把科技和教育摆在经济、社会发展的重要位置。可持续发展，就是要正确处理经济发展同人口、资源、环境的关系，必须在保持经济增长的同时，使经济建设与资源、环境相协调，实现良性循环。

八是积极推进全方位、多层次、宽领域的对外开放，提出实施“引进来”和“走出去”相结合的开放战略，积极推动我国加入世界贸易组织。

九是提出依法治国是党领导人民治理国家的基本方略的思想，并提出依法治国与以德治国相结合的思想。法治和德治，从来都是相辅相成，相互促进的。二者缺一不可，不可偏废。

十是不失时机地提出和实施西部大开发战略。江泽民根据邓小平同志在20世纪80年代提出的“两个大局”的思想，于1999年提出实施西部大开发的战略思想。

十一是提出按照“政治合格、军事过硬、作风优良、纪律严明、保障有力”的目标，全面加强军队建设的总要求。

十二是提出了新时期促进祖国和平统一的八点主张。

围绕回答建设什么样的党、怎样建设党这一问题，江泽民也做了大量的创造性工作，主要取得了以下几个方面的认识成果：

一是明确提出在新的历史条件下必须坚持、加强和改善党的领导的思想。建设中国特色社会主义，关键是加强和改善共产党的领导。越是改革开放，发展经济，越要加强党的领导，抓好党的建设。

二是提出了新形势下加强党的建设和改善党的领导的方针和要求。这就是坚持党要管党，从严治党的方针，围绕把党建设成为领导社会主义现代化建设的更加坚强的领导核心，提高党的执政水平和领导水平，进一步增强党组织的凝聚力、吸引力和战斗力来全面加强和改善党的领导。

三是提出要坚持不懈地进行廉政建设和反腐败斗争。江泽民指出，反对腐败是关系党和国家生死存亡的严重政治斗争，要充分认识反腐败斗争的紧迫性、长期性、复杂性和艰巨性，坚持标本兼治，从源头上预防和治理腐败现象。

四是提出党必须善于在改革开放的新形势下认识自己、加强自己、提高自己、认真研究和解决在自身建设中出现的新矛盾新问题的思想。这集中体现在1994年党的十四届四中全会通过的《中共中央关于加强党的建设几个重大问题的决定》中。

五是提出了新时期党的建设新的伟大工程的总目标。这就是江泽民在党的十五大报告中提出的：把党建设成为用邓小平理论武装起来、全心全意为人民服务、思想上政治上组织上完全巩固、能够经受住各种风险、始终走在时代前列、领导全国人民建设中国特色社会主义的马克思主义政党。

二、从2000年2月到2001年6月，是提出阶段

这一时期，江泽民着重围绕进一步探索和回答在改革开放和发展社会主义市场经济条件下“建设什么样的党、怎样建设党”这一重大问题而开始提出“三个代表”重要思想的。2000年2月25日，江泽民在广州听取广东省委工作汇报后，首次完整地提出“三个代表”重要思想。他说：“总结我们党七十多年的历史，可以得出一个重要的结论，这就是：我们党所以赢得人民的拥护，是因为我们党在革命、建设、改

革的各个历史时期，总是代表着中国先进生产力的发展要求，代表着中国先进文化的前进方向，代表着中国最广大人民的根本利益，并通过制定正确的路线方针政策，为实现国家和人民的根本利益而不懈奋斗。人类又来到一个新的世纪之交和新的千年之交。在新的历史条件下，我们党如何更好地做到这‘三个代表’，是一个需要全党同志特别是党的高级干部深刻思考的重大课题。”围绕这一课题，江泽民从2000年2月至2001年2月，先后到广东、江苏、浙江、上海、宁夏、甘肃、海南等13个省、市、自治区进行考察调研，主持召开近30个多种形式的党建工作座谈会，发表重要讲话，从不同的侧面深刻阐述了“三个代表”重要思想。这一时期，他着重论述了“三个代表”重要思想提出的原因、历史背景和重要意义。

三、从2001年7月到2002年11月，是形成阶段

2001年7月1日，江泽民在庆祝中国共产党成立80周年大会上发表重要讲话，首次全面集中系统地阐述了“三个代表”重要思想的科学内涵、三者之间的辩证关系以及如何按照“三个代表”的要求加强和改进党的建设问题。江泽民在“七一”讲话中指出，我们党要始终代表中国先进生产力的发展要求，就是党的理论、路线、纲领、方针、政策和各项工作，必须努力符合生产力发展的规律，体现不断推动社会生产力的解放和发展的要求，尤其要体现推动先进生产力发展的要求，通过发展生产力不断提高人民群众的生活水平；我们党要始终代表中国先进文化的前进方向，就是党的理论、路线、纲领、方针、政策和各项工作，必须努力体现发展面向现代化、面向世界、面向未来的民族的科学的大众的社会主义文化的要求，促进全民族思想道德素质和科学文化素质不断提高，为我国经济发展和社会进步提供精神动力和智力支持；我们党要始终代表中国最广大人民的根本利益，就是党的理论、路线、纲领、方针、政策和各项工作，必须坚持把人民的根本利益作为出发点和归宿，充分发挥人民群众的积极性、主动性、创造性，在社会不断发

展进步的基础上，使人民群众不断获得切实的经济、政治、文化利益。

代表中国先进生产力的发展要求，代表中国先进文化的前进方向，代表中国最广大人民的根本利益，是统一的整体，相互联系，相互促进。它表明“三个代表”重要思想本身，构成了一个完整的有机统一体。“三个代表”重要思想对党的性质、宗旨和任务进行了符合时代特征的创新阐述，充实和完善了新时期党的建设新的伟大工程。至此，“三个代表”重要思想实际上首次完整地回答了新世纪建设一个什么样的党、怎样建设党的问题。

四、2002年11月，最终形成和历史地位确立

在2002年11月召开的党的十六大上，我们党把“三个代表”重要思想确立为全党必须长期坚持的根本指导思想并写入党章，实现了党在指导思想上的又一次与时俱进。

党的十六大报告还进一步阐明了“三个代表”重要思想的精神实质，特别是明确提出了贯彻“三个代表”重要思想的根本要求：关键在坚持与时俱进，核心在坚持党的先进性，本质在坚持执政为民。使我们对“三个代表”重要思想的认识更加完善。

按照“三个代表”重要思想的要求，十六大报告围绕建设中国特色社会主义这一主题，进一步回答了什么是社会主义、怎样建设社会主义的问题。如在建设中国特色社会主义的思想路线上，提出大力弘扬与时俱进的精神；在中国特色社会主义的发展道路上，提出发展是党执政兴国的第一要务；在中国特色社会主义的发展阶段和发展战略上，提出全面建设小康社会；在中国特色社会主义的根本任务上，提出不断促进先进生产力的发展；在中国特色社会主义的政治建设上，提出建设社会主义政治文明；在中国特色社会主义的文化建设上，提出创造更加灿烂的先进文化；在建设中国特色社会主义奋斗目标上，提出不断促进社会主义物质文明、政治文明和精神文明的协调发展，实现中华民族的伟大复兴；在建设中国特色社会主义的

根本目的上，提出实现好维护好发展好最广大人民的根本利益等思想。

在建设什么样的党、怎样建设党的问题上，党的十六大报告进一步发展了十五大提出的党的建设新的伟大工程的总目标。进一步明确提出，党要坚定地站在时代潮流的前头，把党建设成为始终是中国工人阶级的先锋队，同时是中国人民和中华民族的先锋队，始终是中国特色社会主义事业的领导核心，始终代表中国先进生产力的发展要求，代表中国先进文化的前进方向，代表中国最广大人民的根本利益。同时，提出了以改革的精神加强和改进党的建设的具体要求。

至此，与中国人民建设实践同步，“三个代表”重要思想围绕建设中国特色社会主义这个主题，通过进一步回答“什么是社会主义、怎样建设社会主义”和创造性地回答“建设什么样的党、怎样建设党”的这两大问题而逐步形成了系统的科学理论。从上面的回顾可以看出，“三个代表”重要思想随着实践的深入，经历了一个日益丰富和完善的过程，从党的十三届四中全会开始酝酿发展，到 2000 年提出“三句话”，标志着这一重要思想理论体系的形成，经过“七一”讲话和十六大，这一理论体系进一步成熟。

第二节　以深厚的社会实践为基础的理论成果

任何理论归根到底都是实践的成果。任何一种具有重大历史意义和现实意义的思想的产生和形成，都不可能是一时的兴起或灵光一现，而必然是以深厚的社会实践为基础的。

一、与当代中国的具体实践和时代特征相结合的理论成果

13 年的伟大实践和艰苦探索，不仅使我国的改革开放和现代化建设事业取得了举世瞩目的历史性成就，而且也锻炼了我们党，使我们党

在理论和实践上都进一步成熟起来。最重要的是，加深了我们党对什么是社会主义、怎样建设社会主义和建设一个什么样的党和怎样建设党的认识，积累了十分宝贵的经验。中国共产党是一个善于把马克思主义的基本原理同中国革命、建设、改革等各个历史阶段的具体实际相结合的党，也是一个善于用马克思主义的立场观点方法总结实践经验，不断丰富和发展马克思主义理论的政党。

“三个代表”重要思想深深扎根于党的十一届三中全会以来特别是十三届四中全会以来中国改革开放和现代化建设的伟大实践，反映了当今人类和中国社会实践的发展变化对党和国家工作的新要求，具有坚实的实践基础。适应了社会实践特征的新变化、新要求。

一定时代的社会实践活动的形式、水平和结果，形成该时代的社会历史性、时代性，使包括理论创新在内的人类一切活动，都要打上社会实践的烙印。因此，从变化了的客观实际出发，能动地反映不断变化的实践要求，并在此基础上不断作出新的理论概括，就成为发展理论和创造新理论的一般规律。

二、反映了人类社会实践的新要求

当今社会实践的重要特征，是经济全球化。经济全球化以商品流通、资本流动、信息传递、生产经营和人才流动的全球化为手段，使整个人类的经济活动紧密相联，极大地促进着生产力的发展。同时也使当今时代发展的主题更加突出，使世界各国围绕经济发展的竞争日趋激烈。处于开放世界之中的任何民族和国家，如果不能顺应经济全球化的发展潮流，就势必会被时代所抛弃。以江泽民为代表的中国共产党人站在时代的前列，以马克思主义的理论勇气和胆识，高瞻远瞩，审时度势，与时俱进。所谓站在时代前列，首先是站在先进生产力发展的前沿，与先进生产力的发展要求相适应。因为时代的变化和发展，归根到底是由先进生产力的发展所推动的。“三个代表”重要思想把代表“先进生产力的发展要求”放在首位，集中反映了当今人类社会实践的新要求。

三、反映了人类社会实践日趋智能化的新要求

随着以信息技术与生命科学为代表的现代科学技术的迅猛发展，人类实践工具和手段日益高科技化、自动化，促使社会实践越来越显露出智能化的特征。而智能化的实质，是以科技文化为重要内容的先进文化，它越来越成为国家兴旺发达的“软实力”，越来越在国家社会经济发展中发挥特殊的作用。当今世界各国之间的竞争，是以信息化为核心的高新技术的竞争，谁在高新科技上占据先机，谁就把握了竞争的主动权。代表先进文化的前进方向，就要求我们必须大力发展科学技术，大力发展教育，坚持以信息化带动工业化，以工业化促进信息化。确定科教兴国的基本方略，大力实施科教兴国战略，正是代表先进文化前进方向的具体体现，也是应对世界范围内科技竞争和人才竞争的根本之策。应当指出，文化既包括科技文化，也包括思想文化。代表先进文化的前进方向，不仅要大力发展科技文化，而且要大力发展思想文化。在当今世界，科技文化的竞争日趋激烈，思想文化的斗争更加复杂。面对世界范围内各种思想文化的相互激荡，面对一些西方发达国家推行的文化霸权和意识形态领域内咄咄逼人的攻势，面对社会主义市场经济的发展给人们的思想观念、道德观念、价值观念带来的多方面影响，我们必须高举先进文化的旗帜，坚持马列主义、毛泽东思想和邓小平理论在意识形态领域的指导地位，用“三个代表”重要思想统领社会主义文化建设。发展面向现代化、面向世界、面向未来的，民族的科学的大众的社会主义文化，以不断丰富人们的精神世界，增强人们的精神力量。“三个代表”重要思想把代表“先进文化的前进方向”作为中国共产党人的神圣使命，深刻反映了当今人类社会实践日趋智能化的新要求。

四、反映了中国政治实践发展的新要求

江泽民指出，纵观历史，不少政治组织和政治集团，在夺取政权阶段，其政策主张或多或少地代表了人民群众的利益。但在取得政权之

后，就忘乎所以，骄傲起来，久而久之，就脱离了人民群众，不再代表群众利益，最后被群众所抛弃。我们党来自于人民，植根于人民，服务于人民。党的全部任务和责任，就是为实现人民群众的根本利益而奋斗，这是我们党不同于其他政党的本质所在。正因为如此，中国人民选择并一以贯之地拥护中国共产党。同时，我们也必须认识到，即使对于像我们这样的执政党的执政水平来讲，人民群众的要求也不是一次性的，而是动态的。代表人民群众的根本利益，始终保持同人民群众的血肉关系，也是一个动态的过程，必须与时俱进。我们党作为执政党，面临的最根本的课题，是能不能始终代表最广大人民的根本利益。在市场经济条件下，对于执政党来说，政治问题主要是对人民群众的态度问题、同人民群众的关系问题。“三个代表”重要思想强调，始终代表中国最广大人民群众的根本利益，这就从本质上揭示了我们党的根本政治立场。把“代表人民群众的根本利益”作为自己的本质要求，深刻反映了当代中国政治实践发展的新要求。

第三节　坚持马克思主义与时俱进的理论精髓

“三个代表”重要思想是我们党对实践经验与历史经验的新概括。经验是实践向理论转化和飞跃的中间环节，也是理论创新的前提和基础。重视和善于总结经验是我们党的优良传统，也是我们党理论创新的重要途径。

一、党的十三届四中全会以来基本经验的提炼和升华

我们党是以中国先进生产力、先进文化和最广大人民群众根本利益忠实代表的身份登上历史舞台的。正因为如此，党才领导全国各族人民，经过艰苦卓绝的斗争，推翻了“三座大山”，建立了新中国，紧接着又建立起社会主义基本政治制度。在新的历史条件下，党领导的中国特色社会主义更是发展先进生产力、先进文化和实现人民群众根本利益

的宏伟事业。“三个代表”重要思想正是对全国人民进行革命、建设、改革的实践经验，特别是党的十三届四中全会以来的基本经验的科学提炼和升华。全面总结“创立和发展邓小平理论的伟大实践”经验，坚持马克思主义与时俱进的理论精髓，始终体现“三个代表”重要思想与邓小平理论既一脉相承又与时俱进的理论特征。

江泽民说过，这些年来，我们积累了一条重要的经验：形势越复杂，任务越繁重，斗争越尖锐，我们就越要坚持邓小平理论，这是我们的主心骨，有了这个主心骨，我们就能任凭风浪起，稳坐钓鱼船。党的十六大总结的10条基本经验中，每一条都是“坚持以邓小平理论为指导，不断推进理论创新”的结晶。它们既是对13年新的伟大实践经验的基本总结，也是对“创立和发展邓小平理论的伟大实践”经验的基本总结。坚定不移地高举邓小平理论伟大旗帜，是以江泽民为核心的第三代中央领导集体的基本政治立场和政治态度。正是在邓小平理论的指引下，我国的改革开放和现代化建设事业取得了举世瞩目的成就。另一方面，中国特色社会主义事业伟大而艰巨，前进道路上风险、困难和挑战不断出现，新情况、新问题层出不穷，这就要求我们党必须在新的实践中不断总结新经验，形成新认识，用新的理论指导新的实践。因此，“坚持邓小平理论，在实践中继续丰富和创造性地发展这个理论，这是党中央领导集体和全党同志的庄严历史责任。”

二、解放思想、实事求是、与时俱进，是我们党保持先进性和增强创造力的决定性因素

坚持和发展邓小平理论，最根本的经验有两条：一是必须坚持马克思主义的立场、观点和方法，坚持马克思主义基本原理同中国具体实际相结合；二是必须把握和运用解放思想、实事求是、与时俱进这个马克思主义的精髓。面对当代世界和中国社会发生的深刻变化，江泽民反复强调，解放思想、实事求是、与时俱进，是我们党保持先进性和增强创造力的决定性因素。正是把握和运用了马克思主义的这个精髓，才有了

“三个代表”重要思想的创立和发展。

全面总结社会主义现代化建设、特别是发展社会主义市场经济的实践经验，始终把发展作为“三个代表”重要思想的主题。在党的十六大报告系统总结的10条基本经验中，第二条到第九条总体上都是关于发展问题的基本经验，这是我们党对领导社会主义现代化建设、特别是社会主义市场经济实践经验的全面总结。应当说，我们党执政后一直重视发展问题，但发展什么，怎样发展？以什么样的思路、用什么样的方式谋求发展？在一个较长的时期内并没有完全搞清楚。最大的问题就是以革命时期的思路，即以阶级斗争的办法、用群众运动的方式搞发展，从而使我们的发展在一段时期内蒙受损失。

党的十一届三中全会以后，我们党果断放弃了以阶级斗争为纲，确立了“一个中心、两个基本点”的基本路线，这表明我们党作为执政党谋求发展的思路有了重大变化。“三个代表”重要思想全面总结执政党在谋求发展问题上的经验教训，明确提出发展是党执政兴国的第一要务的思想，特别强调发展的中心是经济，发展是协调的、全面的、可持续的发展，这就从根本上理清了执政党关于发展的思路。

党的十三届四中全会以来，无论世界形势如何变化，中国的改革开放和现代化建设始终保持着旺盛的生机和活力。这一方面靠的是发展主题的明确和发展思路的清晰，另一方面靠的是社会主义市场经济的伟大实践和经验积累。中国共产党人要完成自己的历史使命，就必须发展社会主义市场经济，赋予社会主义以新的内容和形式。这就要求把发展主题建立在新的实践经验之上，使我们党在建设中国特色社会主义的发展道路、发展阶段、发展战略、根本任务、发展动力等问题上取得重大理论突破。正是在总结市场经济和发展问题实践经验的基础上，“三个代表”重要思想用一系列新思想、新观点、新论断，进一步回答了什么是社会主义、怎样建设社会主义这一根本问题，开辟了科学社会主义理论的新境界。

全面总结党执政以来、特别是1989年至2002年13年党的建设新的伟大工程的经验，以及世界上一些国家执政党的经验教训，成为“三个代表”重要思想的重要实践基础。

三、以与时俱进的科学态度，坚持用理论创新推进马克思主义中国化的进程

正是在总结深刻教训的基础上，在科学判断党所处的新的历史方位的基础上，以江泽民为核心的第三代中央领导集体科学地回答了“建设一个什么样的党、怎样建设党”这个紧迫的时代课题。我们党是中国工人阶级的先锋队，同时是中国人民和中华民族的先锋队，党的先进性归根到底要看她在推动历史前进中的作为。第三代中央领导集体，在把党的建设新的伟大工程全面推向21世纪的伟大实践中，积累了保持党的先进性的丰富经验。

这些经验从根本上讲，就是党的先进性必须通过党的理论、路线、纲领、方针、政策和各项工作来体现，必须放到推动当代中国先进生产力和先进文化的发展中去考察，放到实现当代中国最广大人民群众的根本利益中去考察。而这些经验归结起来，就是我们党必须始终代表中国先进生产力的发展要求、代表中国先进文化的前进方向、代表中国最广大人民群众的根本利益。建立在科学总结实践经验基础上的“三个代表”重要思想，从根本上揭示了我们党的执政基础、执政内容、执政任务，阐明了中国共产党的执政资格、执政能力和为谁执政等这样一些具有决定性意义的重大问题。

继往开来的伟大实践，呼唤承先启后的伟大理论。以江泽民为核心的党的第三代中央领导集体，在推进实践创新的同时不断进行理论创新，在深刻总结社会主义现代化建设经验的基础上，倾注极大的心力探索社会主义的巩固和发展问题，探索社会主义国家执政党的建设问题。坚持从我国改革开放和现代化建设的实际出发，以我们正在做的事情为中心，着眼于马克思主义理论的应用，着眼于对实际问题的理论思考，

着眼于新的实践与新的发展，紧跟时代发展的潮流。不断研究新情况，解决新问题，形成新认识，开辟新境界，以与时俱进的科学态度，坚持用理论创新推进马克思主义中国化的进程，提出了“三个代表”重要思想，推进了马克思主义中国化的进程。

第三章

系统的科学理论

——“三个代表”重要思想的科学内涵

“三个代表”重要思想，以最广大人民的实践为理论创新的源泉，以实现最广大人民的根本利益为理论创新的目的，适应当代人类和中国社会实践特征的发展变化，适应我们党的历史地位和执政条件的发展变化，适应我国人民利益要求和社会结构的发展变化，为我们在新的时代条件下不断推进中国改革开放和现代化建设伟大实践，提供了强大的思想武器。

第一节 “三个代表”重要思想主要内容的展开和延伸

理论的内涵就是理论的内容。“三个代表”重要思想内涵丰富、博大精深，包括中国特色社会主义的思想路线、发展道路、发展阶段、发展战略、根本任务、发展动力、依靠力量、国际战略、领导力量和根本目的。这些内容体现在改革发展稳定、内政外交国防、治党治国治军等各个方面，是由一系列紧密联系、相互贯通的新思想、新观点、新论断构成的。在这些内容中，代表中国先进生产力的发展要求，代表中国先进文化的前进方向，代表中国最广大人民的根本利益，这三句话是核心内容，其他内容是这个核心内容的展开和延伸。“三个代表”重要思想的主要内容具体包括：

一、在中国特色社会主义思想路线问题上，“三个代表”重要思想强调大力弘扬与时俱进的精神，丰富和发展了中国特色社会主义的思想路线

解放思想，实事求是，与时俱进，是马克思主义的精髓。在新的历史条件下，江泽民强调：马克思主义具有与时俱进的理论品质。贯彻“三个代表”重要思想，关键在坚持与时俱进，不断开拓马克思主义理论发展的新境界。坚持解放思想，实事求是，与时俱进，必须不断根据实践的要求进行理论创新；必须以科学的态度对待马克思主义，要把坚持和发展马克思主义统一于建设中国特色社会主义的伟大实践中。

二、在中国特色社会主义发展道路问题上，提出了“发展是党执政兴国的第一要务”的著名论断

这是我们党全面分析国际国内形势，科学总结中外社会主义建设的历史经验，从巩固我们党的执政地位和我国社会主义制度的战略高度，作出的一个重大判断，提出的一项重大任务。“三个代表”重要思想阐述了发展的重要性，它强调：在中国这样一个经济文化落后的发展中国家进行现代化建设，能不能解决好发展问题，直接关系人心向背、事业兴衰；坚持用发展的办法解决前进中的问题，是改革开放以来我们的一条重要经验；它指出了发展的中心任务，即发展必须坚持以经济建设为中心，解决中国的所有问题，归根到底要靠经济的发展；它扩大了发展的内涵，强调发展是全面的发展、可持续的发展，发展包括人的全面发展；它提出了发展必须坚持的原则，即发展必须坚持党的基本理论、基本路线、基本纲领和基本经验；发展要善于抓住机遇，珍惜机遇，用好机遇。

三、在中国特色社会主义发展阶段和发展战略问题上，提出了全面建设更高水平的小康社会的奋斗目标

这个奋斗目标的提出，深化了邓小平关于分阶段、有步骤地实现现代化的战略思想，丰富了我们党关于社会主义初级阶段的理论。符合中国国情，符合人民愿望，有利于最广泛最充分地调动一切积极因素为实现中华民族伟大复兴而奋斗。

四、在中国特色社会主义根本任务问题上，强调生产力是社会发展的最终决定力量，人类社会的发展，是先进生产力不断取代落后生产力的历史过程

社会主义的根本任务是发展生产力特别是先进生产力。在社会主义初级阶段，始终代表先进生产力的发展要求，大力促进先进生产力的发展，是我们党始终站在时代前列，保持先进性的根本体现和根本要求。

五、在中国特色社会主义改革问题上，强调改革是社会主义制度的自我完善和发展，是经济和社会发展的强大动力

改革的根本目的，就是要在各方面都形成与社会主义初级阶段基本国情相适应的比较成熟、比较定型的制度。使生产关系适应生产力的发展，使上层建筑适应经济基础的发展，使中国特色社会主义充满生机和活力。

六、在中国特色社会主义的对外开放问题上，强调对外开放是一项长期的基本国策

适应经济全球化趋势的发展和我国加入世贸组织的要求，我们要以更加积极的姿态走向世界，坚持“引进来”和“走出去”相结合，全面提高对外开放水平，在更大范围、更广领域和更高层次上参与国际经济技术合作和竞争，充分利用国际国内两个市场、两种资源，以开放促改革促发展。

七、在中国特色社会主义经济建设方面，强调我国是发展中的社会主义国家，在经济上要赶上发达国家，就要保持必要的发展速度，但更

要注重增长的质量

努力实现发展的速度和结构、质量、效益相统一，保持国民经济持续快速健康发展。提高经济运行的质量和效益，关键是解决结构不合理的问题。把经济发展建立在主要依靠国内市场的基础上，扩大国内需求，是我国经济发展的基本立足点和长期战略方针。面对世界经济科技发展的新趋势，必须走新型工业化道路。强调发展经济的根本目的，是提高全国人民的生活水平和质量。

八、在中国特色社会主义政治建设方面，提出发展社会主义民主政治，建设社会主义政治文明，是社会主义现代化建设的重要目标

必须在坚持四项基本原则的前提下，继续积极稳妥地推进政治体制改革，扩大社会主义民主，健全社会主义法制，建设社会主义法治国家，巩固和发展民主团结、生动活泼、安定和谐的政治局面。

九、在中国特色社会主义文化建设方面，强调中国特色社会主义文化是凝聚和激励全国各族人民的重要力量，是综合国力的重要标志

全面建设小康社会，必须牢牢把握先进文化的前进方向，大力发展社会主义文化，建设社会主义精神文明，不断满足人民群众日益增长的精神文化需求，不断丰富人民的精神世界，增强人民的精神力量。

十、在中国特色社会主义的国防和军队建设方面，强调建立巩固的国防是我国现代化建设的战略任务，是维护国家安全统一和全面建设小康社会的重要保障

提出了走中国特色的精兵之路的思想，围绕“打得赢”和“不变质”这两大历史性课题，提出了军队和国防建设的总体思路和具体要求。

十一、在坚持和发展爱国统一战线方面，强调在新世纪统一战线作为党的一个重要法宝，绝不能丢掉；作为党的一个政治优势，绝不能削弱；作为党的一项长期方针，绝不能动摇

要坚持和完善共产党领导的多党合作和政治协商制度，巩固和发展

社会主义民族关系，巩固和发展党同爱国宗教界的统一战线。要最广泛最充分地调动一切积极因素，不断为中华民族的伟大复兴增添新力量。

十二、在实现祖国完全统一方面，强调完成祖国统一大业是中华民族的根本利益所在

推进祖国统一大业，最终解决台湾问题，要坚持“和平统一、一国两制”的基本方针和推进祖国和平统一进程的八项主张。

十三、在中国特色社会主义的外交和国际战略方面，丰富了中国特色社会主义外交的理论和实践

江泽民深刻洞察世界形势发展的总趋势，全面审视世界格局的变化，准确判断国际形势的发展趋势，提出了我国外交工作的战略思想。使我国在对外交往中，高举和平与发展的旗帜，促进了世界多极化和国际关系民主化。由此形成的一系列外交策略方针，丰富了中国特色社会主义外交的理论和实践。

十四、在中国特色社会主义领导核心方面，强调办好中国的事情，关键取决于我们党

特别强调一定要从新的实际出发，以改革的精神研究和解决党的建设面临的重大理论和现实问题，使党始终保持先进性和纯洁性，充满创造力、凝聚力和战斗力。

十五、在中国特色社会主义的执政党建设方面，强调高度重视和不断加强自身建设，是我们党从小到大，由弱到强，从挫折中奋起，在战胜困难中不断成熟的一大法宝

加强党的建设，必须按照党的政治路线来进行，围绕党的中心任务来展开，朝着党的建设总目标来加强，不断提高党的创造力、凝聚力和战斗力。“三个代表”重要思想紧紧围绕建设一个什么样的党、怎样建设党这个根本问题，明确了推进党的建设新的伟大工程的重点，提出了推进党的建设的总要求。

十六、在建设中国特色社会主义的根本目的方面，强调人民是我们

国家的主人，是决定我国前途和命运的根本力量，是历史的真正创造者

建设中国特色社会主义，是我国各族人民为实现自己利益、创造美好生活的共同事业，是亿万人民群众广泛参与的创造性事业。我们全部工作的出发点和落脚点，就是不断实现好维护好发展好最广大人民群众的利益。

第二节　党建的伟大纲领和民族复兴的根本指针

“中国共产党必须始终代表中国先进生产力的发展要求，代表中国先进文化的前进方向，代表中国最广大人民的根本利益。”这是对“三个代表”重要思想的集中概括。展开可作如下的解读：

一、中国共产党要始终代表中国先进生产力的发展要求

党的理论、路线、纲领、方针、政策和各项工作，必须努力符合生产力发展的规律，体现不断推动社会生产力的解放和发展的要求，尤其要体现推动先进生产力发展的要求，通过发展生产力不断提高人民群众的生活水平。始终代表中国先进生产力的发展要求，是保持党的先进性的根本体现。它从人类社会发展的最根本动力的层面上，从马克思主义唯物史观最基本的逻辑层次上诠释了党的先进性的最深刻本质和永远保持先进性的目标取向。

首先，生产力的发展是人类历史进步的决定力量。人类社会的发展，就是先进生产力不断取代落后生产力的一个自然的历史进程，是不以人的意志为转移的。中国共产党作为我国的执政党，必须通过自身的有效组织和决策活动及自己的创造性活动，持续地引导社会生产力的解放和发展，才能始终成为“先进生产力发展要求”的代表，才能从社会发展的根本动力这个层次上，体现共产党人的先进性，获得领导社会前进的合理性。

其次，代表先进的生产力和保持生产关系的先进性之间是内在统一

的。社会主义制度的优越性，最终要体现在创造出比资本主义更发达的生产力，使生产力发展的成果运用于满足广大人民群众的物质文化需要，实现共同富裕。因而领导社会主义建设的执政党，必须以推动生产力的发展，保持社会主义生产关系和经济体制的先进性质为己任。这两者都是先进生产力“发展要求”的不可或缺的方面。

再次，判断党的先进性的生产力标准与阶级本质之间是高度一致的。生产力标准是判断社会进步的根本标准。中国共产党是中国工人阶级的先锋队，工人阶级作为社会大生产的主体，是推动人类社会发展的最先进、最伟大的社会力量。共产党是通过成为工人阶级先锋队来代表先进生产力要求的。中国共产党始终代表先进生产力发展要求的目标与作为中国工人阶级的先锋队的本质是一致的，这更加突出了工人阶级随着生产力的发展而不断进步的政治品质。中国共产党之所以能够由小变大，由弱变强，其根本原因就是党从诞生之日起，就与先进生产力紧密地联系在一起。

二、中国共产党要始终代表中国先进文化的前进方向

党的理论、路线、纲领、方针、政策和各项工作，必须努力体现发展面向现代化、面向世界、面向未来的，民族的科学的大众的社会主义文化的要求，促进全民族思想道德素质和科学文化素质的不断提高，为我国经济发展和社会进步提供精神动力和智力支持。始终代表中国先进文化的前进方向，是保持党的先进性的内在要求。文化是人类文明进步的结晶，是在人类社会历史发展的长河中积累的宝贵精神财富，是一定社会的政治和经济在观念形态上的反映。

首先，代表先进文化体现了马克思主义的社会存在与社会意识的辩证关系原理。文化作为精神财富对社会发展起能动的作用，先进文化是社会发展的精神动力，保证社会前进的方向。

其次，在当代中国，先进文化就是中国特色社会主义文化。江泽民在《全面建设小康社会，开创中国特色社会主义事业新局面》中指出：

发展先进文化，就是发展面向现代化，面向世界、面向未来的，民族的科学的大众的社会主义文化，以不断丰富人们的精神世界，增强人们的精神力量。发展先进文化，就要坚持以马克思列宁主义、毛泽东思想、邓小平理论为指导，用“三个代表”重要思想统领社会主义文化建设；发展先进文化的根本任务是培育和弘扬民族精神，培养有理想、有道德、有文化、有纪律的社会主义公民。发展先进文化必须继承发扬中华民族优秀文化和革命文化的传统，积极吸取和借鉴一切外国的优秀文化成果。

再次，中国共产党是在先进文化的孕育下产生并不断发展、壮大起来的，代表了中国先进文化前进的方向。这就内在地规定了党的先进性。我们党自建立以来，始终根据不同历史时期的特点和主要任务，努力建设和弘扬先进文化。以毛泽东为主要代表的党的第一代领导集体提出并致力于发展“民族的、科学的、大众的文化”；以邓小平为主要代表的党的第二代领导集体提出“三个面向”的方针，努力推进社会主义精神文明建设；以江泽民为主要代表的党的第三代领导集体，从执政党建设和保持党的先进性的高度，提出了建设中国特色社会主义文化，深入地论述了物质文明、政治文明和精神文明的辩证关系，并对当代中国先进文化的内涵和要求，作出了富有民族精神和鲜明时代风格的阐释，把文化建设提高到关系党的性质、宗旨和根本任务的层次上来。这标志着我们党对不断推进先进文化发展的认识达到了新的高度，是对马克思主义建党学说的新贡献。

三、中国共产党要始终代表中国最广大人民的根本利益

党的理论、路线、纲领、方针、政策和各项工作，必须坚持把人民的根本利益作为出发点和归宿，充分发挥人民群众的积极性、主动性和创造性，在社会不断发展进步的基础上，使人民群众不断获得切实的经济、政治、文化利益。

始终代表中国最广大人民的根本利益，是保持党的先进性的本质要

求。这是对党的根本宗旨作出的新的理论概括，是对党和人民群众的血肉联系作出的深层的本质揭示。

首先，代表最广大人民的根本利益是马克思主义政党的内在规定。坚持尊重社会发展规律与尊重人民历史主体地位的一致性，坚持实践、认识、再实践的认识路线和从群众中来，到群众中去的群众路线的统一，是马克思主义关于历史唯物主义的基本原理，是我们党始终代表最广大人民的根本利益的理论基础。国际共产主义运动正反两方面的历史经验证明，无产阶级政党能否始终保持同人民群众的血肉联系，能否在任何时候、任何情况下保持与人民群众同呼吸、共命运的立场不变，是能否巩固执政地位的根本所在。

其次，全心全意为人民服务是中国共产党的根本宗旨，为共产主义崇高理想奋斗与为最广大人民谋利益是一致的。无产阶级政党必须坚持群众观点，才能体现自身的性质、宗旨和根本任务，才能区别于其他剥削阶级政党。

再次，党在不同历史时期，都要根据最广大人民的利益要求来制定自己的路线、方针、政策。完成党的各项工作与实现人民利益是完全一致的，我们现在的改革工作，涉及各方面的利益调整。随着改革不断推进，我国的社会生活发生了深刻变化，社会经济成分、组织形式、利益主体和就业方式呈现多样化，社会利益结构和利益实现方式也发生了较大变化。能否充分认识“最大数人的利益是最紧要的和最具有决定性的因素”，关系到党和社会主义事业的成败，关系到国家的长治久安和执政党地位的稳固。“始终代表中国最广大人民的根本利益”的论断，深刻揭示了党同人民保持血肉联系的实质，赋予党的宗旨以鲜明的时代内涵。

四、代表中国先进生产力的发展要求，代表中国先进文化的前进方向，代表中国最广大人民的根本利益，是一个具有内在联系的统一的整体

发展先进生产力，是发展先进文化和实现最广大人民利益的基础条

件，人民群众是先进生产力和先进文化的创造主体，也是实现自身利益的根本力量。先进文化是时代精神的精华，对经济政治的发展具有巨大的推动作用，发展先进文化为发展先进生产力提了供重要的精神动力、智力支持和思想保证，促进全民族思想道德素质和科学文化素质的不断提高。不断发展先进生产力和先进文化，归根到底是为了满足人民日益增长的物质生活和精神文化生活的需要，不断实现最广大人民的根本利益。最广大人民的根本利益的实现，又将极大地激发人民的积极性、主动性和创造性，为发展先进生产力和先进文化提供强大的群众基础和不竭的力量之源。

代表“先进生产力的发展要求”是基础和根本，代表“先进文化的前进方向”是灵魂和先导，代表“最广大人民的根本利益”是本质和归宿。“三个代表”重要思想体现了生产力与生产关系、经济基础与上层建筑的统一，体现了经济、政治、文化的统一，体现了物质文明、政治文明和精神文明建设的统一，也体现了尊重社会发展规律与发挥历史主体能动性的统一。“三个代表”作为统一的整体，相互联系、相互依存、相互促进，三者的有机统一，构成了新世纪指导我们党的建设的伟大纲领和实现中华民族伟大复兴的根本指针。

第三节　深刻认识和全面把握“三个代表”重要思想的科学内涵

理解认识“三个代表”重要思想的科学内涵和主要内容，要着重把握6个方面问题。

一、“三个代表”重要思想以建设中国特色社会主义这个主题贯通全篇

江泽民指出，当今中国最基本的社会存在，就是建设中国特色社会

主义的实践。中国特色社会主义，是我们党全部理论和全部实践的中心内容。邓小平同志提出了这个命题，指出“走自己的路，建设有中国特色的社会主义。”江泽民指出：建设中国特色社会主义是一篇大文章，邓小平同志已经为它确定了基本思路和基本原则，我们要继续把这篇大文章作好。可以说，我们党自十三届四中全会后13年的全部理论和实践，都是围绕着作好这篇大文章。

“三个代表”重要思想，无论是回答什么是社会主义、怎样建设社会主义；还是回答建设什么样的党、怎样建设党，都集中到解决中国特色社会主义的问题。中国特色社会主义，既是“三个代表”重要思想对邓小平理论的继承之处，又是对邓小平理论的发展之处。只有围绕中国特色社会主义这个主题去把握“三个代表”重要思想，才能真正领会和真正贯彻“三个代表”重要思想。

新中国成立后，我们几代领导人带领人民所干的一件事，就是要搞中国特色社会主义，在这个过程中，有成功也有失误。1993年薄一波同志在纪念毛泽东同志诞辰100周年讲话时曾说过，中国特色社会主义始于毛，成于邓。理论界一些同志说，现在还可以加上全面推进于江或发展于江。

1840年鸦片战争后，衰落了的中华民族提出了复兴的问题。毛泽东同志曾把这一过程概括为两步，一是争取国家的独立、民族的解放，二是发展经济，使国家富强起来。第一步用了100多年的时间，毛泽东说第二步也大约需要100年，即到本世纪中叶。后来，邓小平具体设计了三步走发展战略和目标。所以，总共200年两个阶段的任务现在已经走过了4/5的路程，第二个任务也已经走了一多半了，我们今天就位于这个过程当中，并正处于关键时期。

总之，中国特色社会主义是我们党长期探索和从事的伟大事业。它是邓小平理论的主题，也是“三个代表”重要思想的主题，并贯通全篇。

二、“三个代表”重要思想贯穿了解放思想、实事求是、与时俱进的政治理念

解放思想、实事求是、与时俱进，体现在江泽民的全部理论创造活动和思想观点中。把握“三个代表”重要思想，首先要把握这个贯穿其中的精髓，特别要注意把握与时俱进这个马克思主义的理论品质。这个理论品质，是马克思主义诞生以来始终保持蓬勃生命力的关键所在，也是把握“三个代表”重要思想的关键所在。“三个代表”重要思想是与时俱进的理论，它在这方面的理论贡献主要有：

一是提出了什么是与时俱进。时，就是时代，就是实践；进，就是发展，就是创新。与时俱进，就要随着时代、实践的发展而发展。这种发展不是盲目的，要在深刻认识历史规律的基础上，在掌握历史主动性的基础上，创造性地推动历史前进。时代、规律、创造，是与时俱进的统一内涵。“与时俱进，就是要体现时代性，把握规律性，富于创造性。”与时俱进，既是人类实践和认识的发展规律，也是马克思主义的发展规律。马克思主义理论正是在顺应时代潮流、应对时代挑战、破解时代课题的过程中不断实现新的突破、完成新的飞跃的；正是在总结历史经验、探索发展规律、推进历史变革中显示强劲活力、发挥强大威力的。其结果是，时代前进了，理论也发展了。不仅是“生活之树常青”，理论之果也同样常新。实践已经证明并将继续证明，体现与时俱进的事业，才能欣欣向荣；体现与时俱进的理论，才能生机勃勃；体现与时俱进的政党，才能永葆青春、永葆先进性。

二是提出了创新是与时俱进的必然要求。创新是一个民族进步的灵魂，是一个国家兴旺发达的不竭动力，也是一个政党永葆生机的源泉。其中，理论创新是前提、是关键。实践基础上的理论创新是社会发展和变革的先导。江泽民指出：“理论创新，这是马克思主义唯物辩证法的根本要求。”“没有理论创新的民族，不可能成为强盛的民族。”通过理论创新推动其他各方面的创新，是我们要长期坚持的治党治国之道。理

论创新必须以坚持马克思主义基本原理为前提，以最广大人民改造世界、创造幸福生活的伟大实践为动力和源泉，自觉地把思想认识从那些不合时宜的观念、做法和体制的束缚中解放出来，从对马克思主义的错误的和教条式的理解中解放出来，从主观主义和形而上学的桎梏中解放出来。

三是提出了对待马克思主义的与时俱进态度。江泽民提出了“两个坚定不移、不能含糊”。一个是坚持马克思主义基本原理，要坚定不移、不能含糊。他指出，马克思主义是我们全党全国人民团结奋斗的共同思想基础。如果动摇了马克思主义指导地位，就会造成思想混乱、社会动乱，那将是党、国家、民族的灾难；一个是坚持解放思想、实事求是、与时俱进要坚定不移、不能含糊。如果思想僵化，我们的事业就会停滞不前。江泽民指出：“这两个‘坚定不移、不能含糊’，始终是检验我们是不是真正马克思主义者的试金石。”这里的关键，是处理好马克思主义基本原理同具体结论的关系。基本原理和具体结论既有联系又有区别。我们着重学习的是基本原理，而不是具体结论；我们着重掌握的是完整体系，而不是只言片语；我们着重运用的是立场、观点、方法，而不是个别论断。正是有了这种与时俱进的科学态度，决定了“三个代表”重要思想既是坚持马克思主义的典范，又是发展马克思主义的典范。

四是提出了“结合”是与时俱进的必然途径。马克思主义基本原理同中国具体实际相结合，实质上就是实现马克思主义的民族化、具体化、时代化，使之具有中国特点和中国特性、中国风格和中国气派。毛泽东同志把这种“结合”称为党领导革命必须解决的“第一个重要问题”。邓小平同志把这种“结合”称为“吃了苦头总结出来的经验”。江泽民同志把这种“结合”称为我们党80多年最基本的经验。要在中国特色社会主义伟大实践中实现这种“结合”，深化这种“结合”，在“结合”中推进我们的事业，坚持和发展马克思主义。

三、“三个代表”重要思想明确了我们党执政兴国的第一要务

“三个代表”重要思想中突出强调了这样的观点：发展是我们党执政兴国的第一要务。所谓“第一要务”，是相对于其他各种要务而言的。在党面临的各种繁重任务中，发展始终是第一位的任务、根本的任务、中心的任务，党和国家的其他事务都要围绕这个第一要务来进行。把发展作为党执政兴国的第一要务，充分表明我们党执政的任务始终致力于发展，执政的措施始终围绕着发展来制定，执政的成效始终用发展来检验。在新世纪新阶段，发展与党和国家的前途命运紧紧地联系在一起。社会主义要强大，体现优越性，要靠发展；实现全面建设小康社会的宏伟目标，进一步提高人民的物质文化生活水平，要靠发展；应对困难和风险，迎接各种挑战，要靠发展；就是解决人们的思想问题，说服那些不相信社会主义的人，最终也要靠发展。必须用发展的眼光、发展的思路、发展的办法解决前进中的问题。

关于发展问题，“三个代表”重要思想的理论贡献主要有3个方面：

一是提出发展的重点论和全面论相结合的思想。发展的核心是发展经济。国家的昌盛，人民的富裕，说到底是经济实力问题；国际竞争，说到底也是经济实力的竞争。落后就要挨打，我们一定要有主动精神和忧患意识，抓住机遇而不可丧失机遇，开拓进取而不可因循守旧，紧紧抓住本世纪头20年的重要战略机遇期。坚持以经济建设为中心，聚精会神搞建设，一心一意谋发展，集中力量把经济搞上去。同时，发展又是全面的发展：发展是经济、政治、文化的全面发展，是经济和社会的协调发展，是东中西部的共同发展，是城乡经济社会的统筹发展，是人与自然相和谐的可持续发展。在全面发展观中，江泽民特别提出了人的全面发展问题，这丰富了马克思主义关于人的全面发展是社会主义新社会本质要求的思想。

关于人的全面发展思想，在马克思、恩格斯思想中占有很重要的地

位。在我国人民生活总体上达到小康水平后，人的全面发展问题日益提上日程。江泽民创造性地把马克思、恩格斯这方面的思想运用到现阶段，指出社会主义各项事业，我们的一切工作，既要着眼于人民现实的物质文化需要，同时又要着眼于促进人的全面发展。发展物质文化是一个历史过程，促进人的全面发展也是一个历史过程。这两个历史过程互为前提，相互配合。

二是提出正确处理改革、发展、稳定的关系。当今世界有一个很值得注意的现象，就是一些国家特别是经济赶超型国家，在经济快速发展的同时，社会也动荡不已，最终也影响了经济发展。能否在经济高速发展和社会转型过程中保持社会的稳定，考验着一个政党治国的能力。江泽民立足对世界的观察和对我国的思考，提出要正确处理改革发展稳定的关系。他指出，改革是动力，发展是目的，稳定是前提。没有改革，就不可能走出一条中国特色社会主义的道路；没有发展，就不可能实现社会主义现代化；没有稳定，改革和发展都无从进行。要把改革的力度、发展的速度和社会可承受的程度统一起来，把不断改善人民生活作为处理改革发展稳定关系的重要结合点，在社会稳定中推进改革发展，通过改革发展促进社会稳定。江泽民把这三者比作现代化建设棋盘上的三个紧密关联的战略性棋子，每一着都下好了，相互促进，就会全局皆活；如果有一着下不好，其他两着也会陷入困境，就可能全局受挫。

三是提出发展要集中人民的智慧和力量，最广泛最充分地调动一切积极因素。对为祖国富强贡献力量的社会各阶层人们都要团结，对他们的创业精神都要鼓励，对他们的合法权益都要保护，对他们中的优秀分子都要表彰，努力形成全体人民各尽其能、各得其所而又和谐相处的局面。要尊重劳动、尊重知识、尊重人才、尊重创造，着力形成与社会主义初级阶段基本经济制度相适应的思想观念和创业机制，营造鼓励人们干事业、支持人们干成事业的社会氛围。放手让一切劳动、知识、技术、管理和资本的活力竞相迸发，让一切创造社会财富的源泉充分涌流，以造福于人民。

四、“三个代表”重要思想强调大力促进物质文明、政治文明和精神文明协调发展

江泽民提出本世纪头20年是全面建设小康社会的阶段，这一科学判断深化了邓小平同志关于分阶段、有步骤地实现现代化的战略思想，丰富了我们党关于社会主义初级阶段的理论，符合我国国情，符合人民愿望。实现这个目标，发展要有新思路，改革要有新突破，开放要有新局面，各项工作要有新举措。

全面建设小康社会的目标，总的来说就是社会主义物质文明、政治文明和精神文明协调发展的目标。应该说，从党的十二大提出两个文明协调发展，到十六大提出三个文明协调发展，标志着我们党对社会发展规律的认识有了一个新的提高，对社会结构的概括也更为完整科学，更加符合唯物史观对人类社会的科学分析。马克思曾科学地揭示了社会的结构，他指出，人们首先进行生产活动，形成经济关系和经济基础，这是物质文明范畴；在经济基础之上，形成法律的和政治的上层建筑，这是政治文明的范畴；然后有一定的社会意识形式与之相适应，这属于精神文明范畴。马克思在1859年的《〈政治经济学批判〉序言》中，还把人类社会生活区分为“物质生活”、“政治生活”和“精神生活”。他认为人类整体社会生活过程，是这三个过程的有机统一。显然，用三个文明来概括社会结构更科学更合理，能够把其目的性与规律性更好地统一起来，有利于我们根据社会发展规律来全面建设小康社会。

在社会主义条件下，物质文明、政治文明和精神文明彼此紧密联系而又有各自的发展规律，互为条件、互为目的、相辅相成。在我国，发展物质文明，最根本的是要建立健全社会主义市场经济体制，坚持和完善社会主义基本经济制度，实施科教兴国战略，促进社会生产力特别是先进生产力的发展；发展政治文明，最根本的是要坚持党的领导、人民

当家作主和依法治国的有机统一；发展精神文明，最根本的是坚持先进文化前进方向，发展面向现代化、面向世界、面向未来的，民族的科学的大众的社会主义文化。

五、“三个代表”重要思想贯穿了坚持党的先进性这个核心

坚持党的先进性，从来就是党能不能生存和发展的根本依据，从来就是党能不能得到最广大人民群众信任和拥护的根本条件。我们党要不断巩固自己的执政地位，坚定地站在时代潮流的前头，就要始终保持党的先进性。党的先进性要在实践中来体现，要经过广大人民群众从亲身经历中发自内心的认同。党的先进性是具体的、历史的，必须放到推动当代中国先进生产力和先进文化的发展中去考察，放到维护和实现最广大人民根本利益的奋斗中去考察，归根到底要看党在推动历史前进中的作用。

“三个代表”重要思想为我们正确理解和坚持党的先进性，开启了广阔的视野和思路。它告诉我们：先有“先进”，后有“代表”；唯有“先进”，才能“代表”。所以，坚持党的先进性，必须把党建设好。党的十三届四中全会后，江泽民最为关注的是两大问题。一个是不断加强党的建设，巩固党的执政地位；一个是坚持党的基本路线，不断增强我国的综合国力。江泽民说：“怎样把我们党建设好，始终保持自己的先进性和强大的战斗力，从而保证党和国家的长治久安，这是我一直在思考的问题。”江泽民紧紧围绕建设什么样的党、怎样建设党，进行了长期深入地思考。他强调，在我们这样一个多民族的发展中大国，要把12亿多人的思想统一起来，力量凝聚起来，向着社会主义现代化的目标前进，必须有中国共产党的坚强领导。加强党的领导，必须改善党的领导，必须加强和改进党的建设。在新的形势下，加强和改进党的建设面临一系列新情况新问题。对这些新情况新问题，江泽民有过三次深入的思考。

第一次是在1989年政治风波之后。江泽民讲，在这场政治风波中，

一些党员、干部的思想和立场发生了动摇，有的党组织在关键时刻丧失了战斗力，有的人站到了党的对立面。这些都反映了党的队伍中存在着问题，对我们党的现状提出了警示。第二次是在苏联解体、东欧剧变之后。这些国家的执政党一夜之间垮了台。为什么垮？有各种原因，但根本原因出在党内。江泽民讲，是“党的内部出了问题”。这给我们党提出了警示。第三次是在 1999 年“法轮功”问题暴露之后。江泽民指出，“法轮功”这么一个邪教组织，却有不少党员干部参与其中，有的甚至成为该组织的骨干，这说明一部分党员的理想信念出了问题。这又给我们党提出了警示。这些都提出了加强党的建设的紧迫性问题。但这只是问题的一个方面。另一方面，这些问题也反映出在新的历史条件下，进行党的建设的复杂性和艰巨性。江泽民指出，执政党的建设和管理，比没有执政的政党要艰难得多。在改革开放和发展社会主义市场经济条件下进行党的建设和管理，比在封闭环境和计划经济条件下要艰难得多。江泽民用了“艰难”两个字，可见挑战的严峻和任务的艰巨。怎么办？江泽民提出，必须用改革的思路、以改革的精神来加强党的建设。这是我们解读江泽民创造性回答建设什么样的党、怎样建设党这个问题的一个重要背景。以改革的精神进行党的建设，最根本的就是党的建设必须按照党的政治路线来进行，围绕党的中心任务来展开，朝着党的建设总目标来加强。“三个代表”重要思想在党的建设方面的理论贡献，概括起来有 5 个：

一是提出了“两个转变”的思想。就是我们党已经从领导人民为夺取全国政权而奋斗的党，成为领导人民掌握全国政权并长期执政的党；已经从受到外部封锁和实行计划经济条件下领导国家建设的党，成为对外开放和发展社会主义市场经济条件下领导国家建设的党。这两大历史性变化，集中地反映了我们党多年所取得的全部胜利、成就和进步，也集中地反映了我们党在今天所面临的全部挑战和考验。党所处的地位和环境、党所肩负的历史任务、党的自身状况，发生了新的重大变化，这就迫切要求研究党在改革开放和发展社会主义市场经济条件下执政的规律。

二是提出了“两个先锋队”的思想。就是中国共产党是中国工人阶级的先锋队，同时是中国人民和中华民族的先锋队。

三是提出了“两个纲领相统一”的思想。我们共产党人是发展的阶段论者，又是发展阶段的统一论者；是理想主义者，又是现实主义者；是最低纲领和最高纲领统一论者。

四是提出了“两个基础”的思想。就是坚持增强党的阶级基础和扩大党的群众基础的统一。

五是提出了解决“两大历史性课题”的思想。就是要全面推进党的建设新的伟大工程，以提高党的执政能力为重点，以从严治党为根本方针，把思想建设、组织建设和作风建设结合起来，把制度建设贯穿其中，进一步解决提高党的领导水平和执政水平、提高拒腐防变和抵御风险能力这两大历史性课题。这些理论贡献，大大丰富了马克思主义建党学说。

六、“三个代表”重要思想贯穿了立党为公、执政为民这个本质

马克思说，“历史活动是群众的事业”。人民是我们国家的主人，是决定我国前途和命运的根本力量，是历史的真正创造者。建设中国特色社会主义，是我国各族人民实现自身利益、创造美好生活的共同事业，是亿万人民群众广泛参与的创造性事业。国以民为本，党以民为基。我们党的全部任务和责任，就是为实现人民群众的根本利益而奋斗。胡锦涛指出，能不能牢牢把握立党为公、执政为民，这是衡量有没有真正学懂、是不是真心实践“三个代表”重要思想最重要的标志。“三个代表”重要思想突出强调我们整个事业和全部工作的根本目的，突出实现人民的愿望、满足人民的需要、维护人民的利益，是“三个代表”重要思想的根本出发点和落脚点。“三个代表”重要思想强调了4个问题：

一是立党为公、执政为民必须高度关注人心向背问题。20世纪90年代以来，世界上一些长期执政的大党、老党相继垮台，引起了江泽民的高度警觉。他深刻总结了国内外正反两方面的历史经验，指出“人心向背，是决定一个政党、一个政权兴亡的根本性因素。”“一个政权也好，一个政党也好，其前途与命运最终取决于人心向背，不能赢得最广大群众的支持，就必然垮台。”我们党的最大政治优势是密切联系群众，党执政后的最大危险是脱离群众。在长期执政条件下，党员、干部容易犯的一个错误是以权谋私，容易失去民心的一个问题是腐败问题。作为执政党，必须高度关注人心向背问题。

二是立党为公、执政为民必须正确处理人民群众的利益问题。群众利益无小事。马克思曾说过：“人们奋斗所争取的一切，都同他们的利益有关。”对于人民利益问题，一方面要着眼最大多数人的利益。列宁曾说过：“群众的人数有千百万，政策应当是从千百万人着眼，而不是从几千人着眼。只有从千百万人着眼，才会有实事求是的政策。”毛泽东指出：“领导的阶级和政党，要实现自己对于被领导的阶级、阶层、政党和人民团体的领导，必须具备两个条件：（甲）率领被领导者（同盟者）向着共同敌人作坚决的斗争，并取得胜利；（乙）对被领导者给以物质福利，至少不损害其利益，同时对被领导者给以政治教育。没有这两个条件或两个条件缺一，就不能实现领导。”江泽民强调，着眼最大多数人的利益，最重要的就是要使全体人民共享经济社会发展的成果，而且要使群众得到的物质利益不断有所增加。这样才能使群众感到实行改革开放和现代化建设是祖国的富强之道，也是自己的富裕之道；另一方面要反映和兼顾不同阶层、不同方面群众的利益。他还指出：“人民群众的整体利益总是由各方面的具体利益构成的。我们所有的政策措施和工作，都应该正确反映并有利于妥善处理各种利益关系，都应该认真考虑和兼顾不同阶层、不同方面群众的利益。”

三是立党为公、执政为民必须认真解决群众生产生活中的实际问题。关心群众、代表群众利益，绝不是空洞的口号，必须十分具体地落实到解决群众生产和生活的实际问题上。只有切实关心和解决群众的生产生活问题，群众才会真正拥护我们。要时刻把群众的安危冷暖放在心上，紧紧抓住人民群众最现实、最关心、最直接的实际问题，多为群众办实事、办好事。江泽民强调，关心群众，特别要关心困难群体的疾苦；为最广大人民谋利益，特别要为困难群体谋好利益，因为他们眼前最困难，最需要帮助。越是困难的地方，越是矛盾集中的地方，我们的领导干部越是要经常到那里去。江泽民指出：“能不能富有成效地帮助群众排难解忧，是衡量领导干部群众观点强不强、工作实不实，实践‘三个代表’重要思想好不好的重要试金石。”

四是立党为公、执政为民必须坚持党的群众观点、群众路线、群众标准。江泽民指出，推进改革和建设需要我们解决的问题不少，好办法从哪里来呢？不是从天上掉下来的，也不是我们头脑里固有的，归根到底来自于人民群众创造历史的丰富多彩的实践。要善于从群众的实践中汲取经验，从群众的意见中汲取智慧。谁深深扎根于人民之中，同广大群众结合在一起，谁就有力量，有智慧，有办法。他强调，要把人民作为我们想事情、做工作的根本衡量尺度。“人民，只有人民，才是我们工作价值的最高裁决者。”

第四节　准确理解“三个代表”重要思想

要深刻认识和全面把握“三个代表”重要思想的科学内涵，可以从准确理解和正确把握“中国共产党必须始终代表中国先进生产力的发展要求，代表中国先进文化的前进方向，代表中国最广大人民的根本利益”这三句话入手。因为这三句话是对“三个代表”重要思想的集中概括：这三句话，也几乎直接和间接涉及马克思主义所有的基本理论和我们党全部的战略策略思想。

一、几个基本概念的内涵

什么叫先进生产力？第一，当今世界上信息技术、电子技术、空间技术、生命科学技术、新材料技术、新能源技术等高新科技及其相关产业，肯定都是先进生产力的组成部分。应积极引进、大胆利用、大力促进和发展。第二，对于涉及国家主权、安全、国计民生、国家命脉的支柱产业、新兴产业中的核心技术，根本不可能购买到的，必须下决心自主创新。第三，要辩证地理解先进生产力。比如，价格昂贵，人们消费不起、很少有市场的是不是先进生产力？有中国民族特色的在国际市场上有很好销量的手织地毯、刺绣等产品是不是先进生产力？先进不先进完全是相对的。判断生产力是否先进，其基本指标应是得到社会承认的劳动生产率和经济效益。因此，不要一讲代表先进生产力的发展要求，就不顾国情、省情和本地区的具体情况，一窝蜂地去搞产品雷同的高新技术及开发区。科学技术是第一生产力，是不是先进生产力？有的人认为，先进科学技术是先进生产力，落后科学技术是落后生产力。这要辩证地看，不能笼统地讲。一项技术在发达国家、发达地区是落后的，在落后国家或地区可能就是先进的，这种现象大量存在。另外，要发展先进生产力，一定要注意充分调动最广大人民群众的积极性、主动性、创造性。人是生产力中最具决定性的力量。科学技术是第一生产力，但这种第一生产力必须要有载体，如果离开人的积极性、主动性、创造性，离开掌握科学技术的人，没有物化的先进技术设备，也就没有第一生产力。在发展生产力的过程中，一定注意不断适时调整生产关系，进一步理顺分配关系，不能只见物，不见人。

什么叫“先进文化”？在当代中国，先进文化就是面向现代化、面向世界、面向未来的，民族的科学的大众的社会主义文化。当代中国的先进文化中，不仅包含马克思主义，而且要以此为指导，这是当代中国先进文化的灵魂和旗帜。在当今中国的先进文化中，无疑还包含上下五千余年的中华民族传统文化中的优秀部分，也包含借鉴的世界各国的优秀文化。对世界上各个国家和各个民族的优秀文化，我们一定要以更加开放的胸怀加以汲取。文化技术的先进，是先进的技术，但不一定是先进的文化。如美国的大片、日本的动漫，在制作技术上都很先进，但内容却未必先进，甚至危害很大。我们特别要高度警惕利用先进文化技术传播落后腐朽甚至反动文化的现象和图谋。

“最广大人民”的内涵如何界定？应该说不是“少数人”，也不是“广大”，而是“最广大”。“人民”是一个历史的范畴。在这里，“人民”的内涵中显然包括了改革开放以来出现的属于社会主义建设者的新阶层。这对调动一切可以调动的积极因素，建设中国特色社会主义十分重要。但“人民”概念的内涵也不是“一切人”。国内外敌对势力的根本利益与最广大人民群众的根本利益是根本对立的。我们不可能同时代表两种根本对立的利益，共产党只能代表最广大人民群众的根本利益。既然是“代表最广大人民的根本利益”，就要求必须正确处理好个人利益与集体利益、局部利益与全局利益、眼前利益与长远利益等关系。

二、要正确理解“代表”的内涵

不能把“代表中国先进生产力的发展要求”简化为“代表中国先进生产力”。政党属政治和上层建筑的范畴，生产力属于经济范畴，阶级的根本属性在于经济和经济基础，它们分属不同的范畴，各自有着不同的特定含义。因此，我们在使用这些概念时，应注意准确把握。由于政党与生产力不属一个范畴，因此，先进政党不能直接代表先进生产力本身，如果先进政党要代表先进生产力，必须经过中间环节，也就是通过先进阶级来代表。但政党与上层建筑同属一个范畴。因此，先进政党可以代表先进生产力的发展要求；因为发展要求主要是指不断完善社会的生产关系和上层建筑。阶级与生产力同属一个范畴，因此，中国工人阶级可以是中国先进生产力的代表。在当今中国，代表先进生产力的发展要求，是指不断进行理论创新、制度创新、体制创新，不断完善社会主义的生产关系和上层建筑，通过制定和实施正确的路线方针政策，为劳动、资本、技术和管理等生产要素提供一个相互协调发展的好的环境，从而不断促进先进生产力的发展。常有人问，为什么“三个代表”重要思想只讲生产力，不讲生产关系呢？也有人说，“三个代表”重要思想只讲了经济和文化，没有讲政治。正确理解了“代表先进生产力的发展要求”的科学内涵，也就很容易解决这些模糊认识。

三、要正确理解“三个代表”重要思想本身内部的辩证关系

“三个代表”重要思想之间不是并列关系。从一定意义上讲，前两个代表是手段，第三个代表是根本目的。历史上处于上升时期的新兴阶级和政党，可以代表“先进生产力的发展要求”和“先进文化的前进方向”，甚至在一定时期内、一定意义上，可以代表最广大人民群众的眼前利益，但除工人阶级和共产党之外，从来没有代表最广大劳动人民长远利益和根本利益的。“三个代表”中，仅有前两个代表，没有第三个代表，那么这个党就一定不是共产党，而是其他什么党。从这个意义上讲，第三个代表才是“三个代表”重要思想的本质。

有人说，“三个代表”重要思想反映了执政党尤其是现代民主体制国家执政党发展的一般规律，这种说法值得商榷。共产党既是执政党，更是领导党。与一般执政党相比，它在指导思想、性质宗旨、纲领路线、方针政策上，都有着根本不同的特殊本质。其本质不同之处就在于，这个党是立党为公、执政为民，其他执政党是立党为私、执政为己。

四、“三个代表”重要思想是系统的科学理论

科学的理论体系是对客观事物的本质及其规律系统化的正确认识和反映。一般说来，判断一个理论是否是系统的科学理论体系，要看它是否具备以下要素：第一是否有坚实的理论基础，第二是否有一以贯之的理论主题，第三是否有围绕主题而展开的密切联系、相互贯通、逻辑结构严密的一系列的理论观点，第四是否有实践基础，且在一定程度上指

导实践并由实践检验其正确性。对照这几个要素，可对“三个代表”重要思想作以下分析。

首先，“三个代表”重要思想有坚实的理论基础。马克思列宁主义、毛泽东思想、邓小平理论，特别是贯穿其中的辩证唯物主义和历史唯物主义的世界观和方法论是“三个代表”重要思想的理论基础。辩证唯物主义和历史唯物主义的世界观和方法论具体体现为我们党的思想路线，即坚持一切从实际出发，实事求是，在实践中检验真理和发展真理。这一思想路线贯穿“三个代表”重要思想的全部理论内容，是“三个代表”重要思想活的灵魂。

其次，“三个代表”重要思想有鲜明的理论主题。“三个代表”重要思想围绕“什么是社会主义，怎样建设社会主义”和“建设什么样的党、怎样建设党”这两个相互关联的基本问题展开，集中起来说，对这两个问题的进一步回答和创造性回答，是对中国特色社会主义认识的深化。“三个代表”重要思想从共产党的先进性和社会主义优越性相统一的角度，科学把握建设中国特色社会主义的内在要求，表明我们党关于中国特色社会主义建设的认识达到了一个新高度。

中国特色社会主义是“三个代表”重要思想的主题。“三个代表”重要思想围绕这个主题，着眼于执政党的建设，以推进中国特色社会主义经济、政治、文化的全面发展为主要内容，以代表、实现最广大人民群众的根本利益为出发点和归宿，以中华民族伟大复兴为目标。在深刻揭示了共产党执政的规律、社会主义建设规律和人类社会发展规律的同时，把共产党执政、社会主义建设与人类社会发展趋势结合起来，形成了一系列新思想、新观点、新论断。涵盖了改革发展稳定、内政外交国防、治党治国治军等各个方面。

这些新思想、新观点和新论断，可以概括为“十个关于的思想”，即胡锦涛2003年7月1日《在“三个代表”重要思想理论研讨会上的讲话》中概括的“关于建立社会主义市场经济体制的思想，关于公有制为主体、多种所有制经济共同发展是我国社会主义初级阶段的基本经济制度的思想，关于按劳分配为主体、多种分配方式并存的思想，关于实行全方位对外开放战略的思想，关于社会主义物质文明、政治文明和精神文明协调发展的思想，关于正确处理改革发展稳定的思想，关于建设社会主义法治国家的思想，关于依法治国和以德治国相结合的思想，关于走中国特色的精兵之路的思想，关于巩固党的阶级基础和扩大党的群众基础的思想，等等。这些都是对马克思主义理论的重大贡献”。它们紧密联系、相互贯通，不可分割，进一步回答了建设中国特色社会主义的一系列基本问题，丰富了中国特色社会主义理论内容。

“三个代表”重要思想是在我国社会主义建设的实践中不断向前发展的，从概念的提出到系列论断再发展到系统理论体系，从党的建设领域拓展到整个社会主义建设领域，日益丰富、深化、完善。其中的新思想、新观点和新论断都是从实际出发，深刻总结党的十三届四中全会以来，我们党领导人民继续推进中国特色社会主义伟大实践的新鲜经验并上升到理论的成果。从十三届四中全会以来，我国社会主义建设和党的建设所取得的巨大成就，充分证明“三个代表”重要思想的正确性。

可见，“三个代表”重要思想自身具有系统性，它要解决的是中国特色社会主义的最基本问题，而不是枝节问题，它的理论观点和论断是一系列的、有内在逻辑联系的，而不是个别的、分散的。毫无疑问，“三个代表”重要思想是系统的科学理论。

五、“三个代表”重要思想的理论特色

理论的特色或特征、特点是指一个理论区别于其他理论的本质属性的外在表现。“三个代表”重要思想具有鲜明的理论特色，认识和把握这些理论特色对准确理解“三个代表”重要思想的科学内涵有着重要意义。

第一，既坚持了马克思主义又发展了马克思主义。马克思列宁主义、毛泽东思想、邓小平理论和“三个代表”重要思想，形成于不同的历史时期，面对不同的历史任务，但都有共同的立场、观点、方法，即坚持辩证唯物主义和历史唯物主义的世界观、方法论；都有共同的社会理想，即坚持最高纲领和最低纲领的统一；都有共同的政治立场，即代表最广大人民的根本利益；都有共同的理论品质，即解放思想、实事求是、与时俱进。“三个代表”重要思想贯穿了马克思主义的红线。同时，“三个代表”重要思想既坚持马克思主义基本原理，又不从书本、概念和抽象的原则出发，而是一切从实际出发，深刻总结实践创造的新鲜经验并上升到理论，赋予马克思主义新的鲜活力量，使人们深深感受到随着时代、实践和科学的发展而发展着的马克思主义的强大生命力。

“三个代表”重要思想所以能使马克思主义焕发出如此蓬勃的生机，最根本的是它紧紧把握了当今世界和中国发展变化对党和国家工作的新要求。20 世纪 80 年代末、90 年代初以来，世界和中国出现了新的变化，这些新变化对党和国家工作提出了新的要求。从根本上说，归结为一句话，就是要在邓小平理论基础上，进一步回答什么是社会主义、怎样建设社会主义和建设什么样的党、怎样建设党的问题。“三个代表”重要思想所具有的时代意义和鲜明的时代特征，都集中体现在它创造性地回答了这两个基本问题上。马克思、恩格斯曾经指出：“一切划时代的体系的真正内容都是由于产生这些体系的那个时期的需要而形成起来的。”“三个代表”重要思想正是适应了时代的需要，从而把马克思主义推进到一个新的境界，成为马克思主义在中国发展的重大成果。

第二，既是理论创造的成果，又是实践经验的总结。实践是马克思主义发展的直接源泉。马克思说：人首先是实践，而不是先研究好理论；当理论遇到解不开的问题时，要看实践中是怎么解决的，然后从理论上给予总结。毛泽东在《实践论》中更是强调：你要有知识，你就得参加变革现实的实践。江泽民指出：理论是什么？理论就是对经验的总结。他们都强调了总结经验对于党的理论发展的重要意义。“三个代表”重要思想从形成到成熟有一个发展过程，这个发展过程是同党的十三届四中全会以来的伟大实践进程相统一的。十三届四中全会以来，既是我们党领导人民继续推进中国特色社会主义伟大实践的过程，也是对这一实践不断进行经验总结和理论概括的过程。实践探索、经验总结、理论思考，这三者紧密结合，贯穿于江泽民 13 年的全部理论创新活动中，统一于“三个代表”重要思想形成过程中。十六大科学概括的基本经验，标志着我们党对经验的总结和运用，达到了一个新的自觉高度。正如胡锦涛强调的：13 年基本经验，是“三个代表”重要思想的重要组成部分；只有从党的基本经验与基本理论、基本路线、基本纲领的内在联系出发，才能深刻把握“三个代表”重要思想。

第三，既是系统的，又是一个不断发展的科学理论。胡锦涛指出：“三个代表”重要思想，在改革发展稳定、内政外交国防、治党治国治军各个方面都取得了丰硕的理论成果，形成了一个系统的科学理论。这一重要思想的系统性，一方面表现在实践的系统性上，它揭示了中国特色社会主义是社会主义市场经济、社会主义民主政治和社会主义先进文化有机统一，是社会主义物质文明、政治文明和精神文明全面发展，是党领导的伟大事业同党的建设新的伟大工程相互促进，是当代中国与当今世界紧密联系的进程。另一方面，表现在理论的全面性上，它提出的理论创新观点是完整的而不是零碎的、是系统的而不是个别的。可以说，既揭示了实践的系统性，又形成了理论的系统性，二者紧密联系，有机统一，是“三个代表”重要思想的一个显著特点。

同时，尽管这一重要思想有很强的系统性，但这个理论系统不是封闭的理论系统，而是开放的理论系统，是不断发展的理论系统。实践是永无止境的，认识真理不是一次完成的，对建设中国特色社会主义的认识要不断继续下去。所以，江泽民指出：“三个代表”重要思想是发展的、前进的。我们要突破前人，后人也必然会突破我们。胡锦涛也指出：“三个代表”重要思想既是我们推动实践创新的根本指针，又是我们深化理论探索的崭新起点。我们在前进中还会遇到这样那样的新情况新课题，还要应对各种可以预料和难以预料的风险和挑战，因此还要继续进行新的实践和新的探索。

第四，既有很强的理论性，又有很强的实践性。马克思主义不是单纯的学理。实践性是马克思主义区别于其他理论的一个鲜明特征。马克思曾说：哲学家们只是用不同的方式解释世界，问题在于改变世界。这是讲马克思主义与其他理论的显著区别。马克思还说：全部社会生活在本质上是实践，我们的理论在本质上也是实践。“三个代表”重要思想具有马克思主义这一鲜明的理论品格，着重强调理论的实践价值，强调对这一重要思想的贯彻和运用。江泽民指出：对“三个代表”重要思想深化的关键，在于对贯彻提出具体要求，在于增强贯彻的自觉性和坚定性。

党的十六大报告中有一句话与江泽民“七一”讲话相比，作了这样一个改动。“七一”讲话为：“三个代表”是我们党的立党之本、执政之基、力量之源；十六大报告为：始终做到“三个代表”是我们党的立党之本、执政之基、力量之源。这里加上“始终做到”四个字，所强调的无疑就是这一重要思想的实践价值和实践品格。十六大还提出了贯彻“三个代表”重要思想的根本要求，即关键在坚持与时俱进，核心在坚持党的先进性，本质在坚持执政为民。这无疑也是强调这一重要思想的实践价值和实践品格。理论的价值在于指导实践，学习贯彻“三个代表”重要思想，根本目的就是要推动全党更好地带领人民群众把中国特色社会主义事业推向前进。所以，把理论学习同理论运用紧密结合起来，才能准确把握“三个代表”重要思想。

第五，既是全党集体智慧的结晶，又是江泽民个人的卓越贡献。正如胡锦涛指出的那样：“江泽民同志高举邓小平理论伟大旗帜，以审时度势的领导才能、与时俱进的政治勇气和励精图治的工作精神，为中国特色社会主义事业的发展建立了卓著的功勋，赢得了全国各族人民的衷心爱戴和国际社会的普遍赞誉。尤其是他集中全党智慧创立的‘三个代表’重要思想，对于我国各项事业的发展具有重大而深远的指导意义。”

第四章

新思想、新观点、新论断

——“三个代表”重要思想深化了对三大规律的认识

规律就是客观事物内部本质的、必然的联系，是普遍存在的。任何事物的产生和发展，都有其内在的规律性，它是客观的，不以人的意志为转移。科学的任务，就在于揭示客观规律，用以指导实践。人们对规律的认识过程，始终是一个辩证的动态过程，它随着人们实践的不断发展而不断地得到深化。

与人类社会发展有其内在的规律性一样，在共产党的执政过程和社会主义建设过程中，同样也是有规律可循的。人们对共产党执政规律、社会主义建设规律以及人类社会发展规律的认识也是逐步深入的。这一重要思想运用马列主义、毛泽东思想和邓小平理论的基本原理及认识成果，分析研究解决在新的历史条件下党的建设和社会主义建设中的重大问题。从而把中国共产党人对三大规律的认识进一步提高到一个新的水平上，为深化对三大规律的认识作出了光辉的典范。同时，“三个代表”重要思想本身也向全党提出了深化对三大规律认识的历史任务。

“三个代表”重要思想强调实践没有止境，创新也没有止境，党的全部理论和工作要体现时代性，把握规律性，富于创造性。“三个代表”重要思想创造性地运用马克思列宁主义、毛泽东思想特别是邓小平理论，紧密结合时代发展的新形势、我国广大人民群众的新要求、我国改革开放和社会主义现代化建设的新实践，在什么是社会主义、怎样建设社会主义，建设什么样的党、怎样建设党这两个根本问题上形成了富有独创性的理论成果。

这些重大思想，可以概括为“十个关于的思想”（见本书第三章，第四节，四），进一步回答了建设中国特色社会主义的发展道路、发展阶段、发展战略、根本目的、根本任务、发展动力、依靠力量、国际战略等重大问题，是对马克思主义理论的重大贡献。这些新论断，既坚持马克思主义基本原理，又具有鲜明的时代特征，是坚持和发展马克思主义的典范，也是坚持和发展社会主义的典范。本章从“三个代表”重要思想对“三大规律”的认识和把握这个视角上，对部分新思想、新观点、新论断作一简要分析。

第一节　“三个代表”重要思想与共产党执政的规律

一、深化了对共产党执政规律的认识

“三个代表”重要思想是在总结中国共产党80多年历史经验，特别是在深刻总结50多年执政经验的基础上，借鉴当今世界一些政党执政的经验教训，从根本上说明了我们党执政的基础、执政的内容、执政的任务和执政的要求。作为执政党，中国共产党的执政地位能否被人民和历史认可，能否具有持久的生命力，取决于我们党能否在执政的过程中始终代表中国先进生产力的发展要求，代表中国先进文化的前进方向，代表中国最广大人民的根本利益。这是对共产党执政规律认识的深化。要把中国的事情办好，关键在党。江泽民说：在实行改革开放和发展社会主义市场经济的条件下，建设什么样的党、怎样建设党，是一个

重大现实问题，直接关系到我们党和国家的前途命运。实施党的建设新的伟大工程，就是我们党对这个重大现实问题的明确回答。“三个代表”重要思想强调，在新的历史条件下加强党的建设，重点是要把握好党的历史方位，以改革的精神加强和改进党的建设，切实解决好提高党的领导水平和执政水平、提高拒腐防变和抵御风险能力这两大历史性课题。

“三个代表”重要思想提出了关于中国共产党是中国工人阶级的先锋队，同时是中国人民和中华民族的先锋队的思想，关于坚持立党为公、执政为民的思想，关于坚持把加强党的思想理论建设放在首位、不断推进马克思主义中国化的思想，关于加强党的执政能力建设、改革和完善党的领导方式和执政方式的思想，关于坚持民主集中制、以党内民主带动人民民主的思想，关于大力培养忠诚于马克思主义、坚持走中国特色社会主义道路、会治党治国的政治家的思想，关于领导干部一定要讲学习、讲政治、讲正气的思想，关于始终保持党同人民群众的血肉联系、不断增强党的阶级基础和扩大党的群众基础的思想，关于治国必先治党、治党务必从严的思想，关于反对腐败是关系党和国家生死存亡的严重政治斗争的思想，等等。这些重大思想，是在新的历史条件下对马克思主义党建理论的重大发展，为把党建设成为用马克思列宁主义、毛泽东思想和邓小平理论武装起来、全心全意为人民服务、思想上政治上组织上完全巩固、能够经受住各种风险、始终走在时代前列、领导全国人民建设中国特色社会主义的马克思主义政党，指明了前进方向和现实途径。

“三个代表”重要思想运用马克思主义建党学说，深入分析了世界其他社会主义国家共产党执政的经验教训，认真总结中国共产党执政的历史经验，对在新的历史条件下如何巩固党的执政地位、提高党的执政能力和执政水平提出了一系列新的思想、新的论断，进一步深化了对共产党执政规律的认识。

二、用发展着的马克思主义指导新的实践，使党永葆生机和活力

马克思主义是无产阶级的意识形态和科学世界观，是无产阶级及其政党认识世界和改造世界的强大思想武器。坚持以马克思主义作为党的根本指导思想，这是共产党执政的基本原则。但是，马克思主义不是教条，而是行动的指南。马克思主义只有同各国的具体实际相结合，才能产生巨大的威力。中国共产党在 90 多年革命、建设和改革的征程中，之所以能够冲破艰难险阻走向胜利，就在于我们党坚持把马克思主义基本原理与中国的具体实际紧密结合起来，坚持科学理论的指导，坚定不移地走自己的路，这是总结我们党的历史得出的最基本的经验。怎样才能实现马克思主义基本原理同中国具体实际相结合？“三个代表”重要思想强调要坚持与时俱进，走理论创新之路，在实践中丰富和发展马克思主义，“用发展着的马克思主义指导新的实践”。

马克思主义的根本特点是理论与实践相统一。实践没有止境，决定了理论发展也没有止境。理论来自实践又指导实践，而社会实践的发展永无止境，这也从根本上决定了理论必须随着实践的发展而发展。因此，马克思主义从诞生起，它的创始人就赋予它与时俱进的理论品质。恩格斯强调：我们的理论是发展着的理论，而不是必须背得烂熟并机械地加以重复的教条。从马克思主义诞生 160 多年来，无产阶级革命和社会主义建设事业取得胜利、发展、壮大，就是因为有不断发展着的马克思主义理论的指导。

列宁坚持以发展的观点来看待马克思主义，提出了“一国胜利论”的重要结论，实现了布尔什维克党指导思想的与时俱进，指导十月革命取得了胜利。以毛泽东、邓小平为代表的中国共产党人，坚持以发展的观点对待马克思主义，运用马克思主义基本原理研究解决中国革命和建设中具体问题，实现了马克思主义同中国具体实际相结合的两次历史性飞跃，实现了党的指导思想的与时俱进，取得了中国革命的伟大胜利和社会主义建设、改革开放的伟大成就。

今天，世界经济、政治、文化的深刻变革，科学技术的日新月异，与100多年前马克思主义诞生时的情况已大不相同。中国的基本国情与诞生马克思主义的西方社会、与诞生列宁主义的俄国的情况也大不相同。现在的中国与新中国成立前、改革开放前的中国也有很大不同。我们党所处的地位和环境，我们党所肩负的任务以及党员队伍的状况，也都发生了许多重要的变化。在改革开放和社会主义现代化建设的伟大实践中，对人民群众创造的新鲜经验需要作出理论的概括，广泛深刻的社会变革呼唤着理论的创新。正是顺应新的实践的要求，“三个代表”重要思想成为马克思主义基本原理同中国具体实际相结合的继续和深入，在新的历史条件下开拓了马克思主义理论发展的新篇章。

江泽民多次强调：“全党同志要坚持马克思主义的科学原理和科学精神，善于把握客观情况的变化，善于总结人民群众在实践中创造的新鲜经验，不断丰富和发展马克思主义理论。”“世界在变化，我国改革开放和现代化建设在前进，人民群众的伟大实践在发展，迫切要求我们党以马克思主义的理论勇气，总结实践的新经验，借鉴当代人类文明的有益成果，在理论上不断扩展新视野，作出新概括。”“要使党和国家的事业不停顿，首先理论上不能停顿”，“我们一定要适应实践的发展，以实践来检验一切，用发展着的马克思主义指导新的实践。”

实践证明：坚持与发展马克思主义是辩证统一的，坚持是发展的前提，发展是最好的坚持。江泽民提出用发展着的马克思主义指导新的实践的思想，体现了坚持和发展马克思主义的统一，把坚持共产党执政的指导思想的认识提高到一个新的水平。对于我们坚持马克思主义与时俱进的理论品质，反对教条主义、主观主义以及放弃马克思主义指导地位的错误做法，在实践的基础上不断推进理论创新，使我们党的全部理论和工作体现时代性，把握规律性，富于创造性，永葆生机和活力，具有十分重要的指导意义。

三、最重要的是必须首先考虑并满足最大多数人的利益要求

执政党要长期执政，一定要有一个重要的基础，就是最广大人民群众能够认同你、拥护你、支持你。中国古代的政治思想中很早就有“君船民水”的譬喻，并警示封建帝王“水能载舟，亦能覆舟”。虽然中国共产党执政同封建帝王的统治具有本质的区别，但这条古训所揭示的深刻哲理至今仍有借鉴意义。

马克思主义特别强调，无产阶级政党没有任何同整个无产阶级的利益不同的利益。毛泽东把我们党的宗旨确定为全心全意为人民服务。邓小平强调党的各项政策和工作必须以人民拥护不拥护、赞成不赞成、高兴不高兴、答应不答应作为出发点和归宿。“三个代表”重要思想进一步阐述了人心向背对于政党前途的重要性，并根据改革开放以后我国社会阶级阶层变化的实际，发展了“人民”这一历史范畴，提出了“最重要的是必须首先考虑满足最大多数人的利益要求”这一重要论断，再次重申了为人民服务宗旨的内涵，从而把对如何巩固和扩大共产党执政的群众基础的认识提高到了一个新的水平。

江泽民在《论“三个代表”》中指出：“人民群众的整体利益总是由各方面的具体利益构成的。我们所有的政策措施和工作，都应该正确反映并有利于妥善处理各种关系，都应认真考虑和兼顾不同阶层、不同方面群众的利益。但是，最重要的是必须首先考虑并满足最大多数人的利益要求，这始终关系党的执政的全局”。在这里，江泽民强调的“最大多数人”，是指以工人、农民、知识分子为主体的共产党执政的基本依靠力量，同时也包括那些新的社会阶层中的广大人员。把“考虑并满足最大多数人的利益要求”作为关系党的执政全局的“最重要”的问题，这就明确揭示了它的重要性，并大大拓展了我们党执政的群众基础。要代表最广大人民群众的根本利益，就是要大力发展社会生产力，努力搞好社会主义文化建设，“在社会不断发展进步的基础上，使人民群众不断获得切实的经济、政治、文化利益”，这就把代表人民群众的

利益展开为经济、政治、文化利益，从而把为人民服务的实践与推进社会主义经济、政治、文化建设统一起来。

只要我们党能够切实做到“最重要的是首先考虑并满足最大多数人的利益要求”，诚心诚意为人民谋利益，我们党就能得到最广大人民群众的信任、拥护和支持，这就为巩固党的执政地位提供了广泛而坚实的群众基础。

四、必须把发展作为党执政兴国的第一要务

共产党取得政权、建立社会主义制度以后，面临的任务很多，但是哪一项是最根本的任务，对此有一个认识和实践过程。我国从1949年新中国成立到1978年党的十一届三中全会近30年时间，对共产党执政后的根本任务和中心工作认识上有偏差，致使在一段时间里没能集中力量发展生产力。十一届三中全会以后，邓小平通过总结历史经验，指出：一个真正的马克思主义政党在执政以后，一定要致力于发展生产力，在此基础上逐步提高人民的生活水平，并把党和国家的工作重心转移到经济建设上来。“三个代表”重要思想在继承和发展邓小平理论的基础上，进一步明确地把解放和发展生产力的问题提高到“党执政兴国的第一要务”的高度，并强调，离开发展，坚持党的先进性、发挥社会主义制度的优越性和实现民富国强都无从谈起。这就揭示了解放和发展生产力在党的执政使命中的重要地位和重要意义。“三个代表”重要思想还强调发展必须坚持以经济建设为中心，坚持和深化改革，集中全国人民的智慧和力量，不断推进先进生产力和先进文化的发展，并指出把握住这一点，就能“使党的执政地位不断巩固”。由此可见，“三个代表”重要思想明确提出“把发展作为党执政兴国的第一要务”，既是对我党历史经验的深刻总结，也是对共产党执政使命的高度概括。

第二节　“三个代表”重要思想与社会主义建设规律

社会主义建设规律是社会主义国家在经济、政治和文化建设过程中所必须遵循的一般要求。社会主义建设实践伟大而艰巨，是一个长期的过程，这个过程体现了历史性、现实性与理想性的高度统一，其中包含的丰富内容和客观规律吸引着人们不停地去探索。不断深入的社会主义建设实践，一方面创造和积累了丰富的实践经验，为人们深化对社会主义建设规律的认识提供了实践的基础；另一方面，它也迫切需要得到反映了对社会主义建设规律进一步深刻揭示的认识成果的指导，以推动社会主义建设实践不断前进。

“三个代表”重要思想对社会主义建设规律的新认识体现在继承前人理论成果的基础上，在建设中国特色社会主义发展的更高阶段上，深刻总结了建国以来特别是改革开放以来社会主义建设的历史经验，科学分析了社会主义的基本矛盾和主要矛盾，系统阐述了社会主义经济、政治、文化发展的规律和基本特征。这一凝结了我党第三代领导集体关于中国社会主义建设的一系列重大理论创新，进一步深化了我们党对“什么是社会主义、怎样建设社会主义”的认识，加深了我们党对社会主义建设规律的认识，这对我们搞好建设与发展的意义极其重大。

一、促进社会主义物质文明、政治文明和精神文明协调发展

马克思主义认为，社会主义社会是全面发展的社会，这是区别于和优越于资本主义社会的一个重要特征。但是在如何认识和把握社会主义全面发展的内容，如何把这些内容具体体现到社会主义的建设任务之中，中国共产党人的探索是艰辛的，也经历了许多的曲折和坎坷。新中国成立以后，在如何开展社会主义建设的问题上，由于思想认识上的偏差和失误以及当时国际国内的环境影响，我们党对解放和发展生产力、集中精力搞经济建设这一社会主义的根本任务的重要性认识不够，没有把社会主义物质文明建设作为社会主义社会的根本任务，片面强调了生产关系和上层建筑领域的革命和斗争，导致我国的社会主义建设遭受了挫折。

党的十一届三中全会以后，邓小平在总结社会主义建设经验教训的

基础上，提出贫穷不是社会主义，社会主义的根本任务是发展生产力，建设高度的社会主义物质文明；提出精神生活空虚、社会风气败坏，也不是社会主义，社会主义精神文明是社会主义社会的重要特征；提出在社会主义建设的全过程中，要把物质文明和精神文明都搞好，坚持“两手抓，两手都要硬”。这就明确指出了社会主义社会全面发展的主要内容，确立了社会主义现代化建设的一条重要战略方针。

在此基础上，以江泽民为核心的党的第三代中央领导集体继往开来，与时俱进，开拓创新，提出要发展社会主义市场经济、民主政治和先进文化，确立了全面建设小康社会的目标，不断促进社会主义物质文明、政治文明和精神文明的协调发展，推进中华民族的伟大复兴。在这里，江泽民将政治文明与物质文明、精神文明并列为社会主义建设的三项任务、三项目标，使社会主义建设从“两个文明”到“三个文明”，体现了社会主义社会全面发展的比较完整的内容。

文明是人类活动的产物，是人类的进步状态。文明的内容是丰富的，不仅包括物质文明、精神文明，也包括政治文明和其他方面的文明。历史唯物主义所揭示的经济基础与上层建筑关系的原理告诉我们，社会结构包括经济基础和与之相适应的政治、精神等层面，即物质的、政治的、精神的三大部分，因而相应就有物质、政治、精神三大文明。显而易见，政治文明是指人类社会政治生活的进步状态，主要包括政治法律思想、政治法律制度、政治法律设施和政治法律行为等内容。

“三个代表”重要思想继承和发展了毛泽东、邓小平关于社会主义民主政治建设的有关思想，第一次从社会主义建设的角度提出了“政治文明”这一概念，并把建设社会主义政治文明列入了社会主义现代化建设的重要目标之一，强调要坚持党的领导、人民当家作主和依法治国的统一性，这是一个十分重要的理论创新。

“三个代表”重要思想关于三个文明协调发展的论述，符合马克思历史唯物主义的基本原理，完整地展现了社会的基本构成形态，并与现实中社会主义的经济、政治、文化建设一一对应，从而形成了一个系统的社会主义社会全面发展的思路和现代化建设战略，表明了我们党对社会主义建设目标及任务的认识更加完整和成熟。

二、法治与德治相结合的治国新方略

无产阶级取得政权以后，应以什么样的方式治理国家，这是无产阶级及其政党必须考虑的一个重要问题。由于受社会历史条件、时代主题和实践状况的制约，马克思恩格斯对社会主义治国理论论述不多。

列宁是第一个真正探索社会主义治国理论的马克思主义者。十月革命胜利以后，列宁以马克思主义法制理论为指南，领导苏维埃人民开创性地进行了社会主义法制建设的伟大实践，丰富和发展了社会主义法制思想，从而为社会主义国家的法治理论提供了参考和指导。新中国建立以后，我国在一段时间里在政治实践中对法制建设重视不够。邓小平深刻地总结了历史的经验和教训，认为我国社会主义发展中的主要历史教训之一是没有切实建设民主政治。在此基础上，邓小平提出了加强社会主义民主法制建设的思想。

江泽民把“依法治国，建设社会主义法治国家”作为在新的历史条件下党领导人民治理国家的基本方略，指出：依法治国，就是广大人民群众在党的领导下，依照宪法和法律规定，通过各种途径和形式管理国家事务，管理经济文化事业，管理社会事务，保证国家各项工作都依法进行，逐步实现社会主义民主的制度化、法律化，使这种制度和法律不因领导人的改变而改变，不因领导人看法和注意力的改变而改变。这一重要论述，进一步明确了依法治国的丰富内涵。

在强调依法治国的同时，江泽民又根据我国社会发展的实际情况，提出要把依法治国与以德治国结合起来。他说：对一个国家的治理来说，法治与德治，从来都是相辅相成、相互促进的。二者缺一不可，也不可偏废。法治属于政治建设、属于政治文明，德治属于思想建设、属于精神文明。二者范畴不同，但其地位和功能都是非常重要的。他还指出，以德治国就是要以马列主义、毛泽东思想和邓小平理论为指导，努力形成与经济和社会发展相适应的健康和谐、积极向上的思想道德规范。这就明确了以德治国的基本内涵。

党的十六大报告，进一步把实行依法治国和以德治国相结合概括为党领导人民建设中国特色社会主义的基本经验之一。实行依法治国和以德治国相结合，就是在确认法律在国家治理中的主导地位的同时，高度重视加强思想道德建设，充分发挥法律和道德这两种人类社会的基本规范在国家治理中的作用。

“三个代表”重要思想关于法治与德治相结合的治国新方略，科学总结了我们党的治国理论和实践经验，既体现了社会主义民主政治建设的重要内容，也体现了社会主义精神文明建设的方向。这既是对我们党领导人民治理国家的基本方略的完整概括，又是对马克思主义国家学说的新贡献，标志着我们党对社会主义建设中治理国家和管理社会的规律的认识达到了一个新的高度。

三、正确处理改革、发展、稳定的相互关系

改革、发展、稳定的相互关系，是社会主义建设中关系全局的重大问题，也是在社会主义市场经济条件下推进现代化建设所遇到的新矛盾和新问题。邓小平在领导全党开辟建设中国特色社会主义道路的过程中，对深化改革、促进发展、保持稳定作出了一系列的论述，提出了“发展是硬道理”，“稳定压倒一切”，“改革也是解放生产力”等许多著名论断。在此基础上，江泽民把正确处理改革、发展、稳定的关系作为总揽全局的重中之重，确定了“抓住机遇，深化改革，扩大开放，促进发展，保持稳定”的工作大局，并以此作为指导社会主义现代化建设，正确处理改革、发展、稳定关系的重要方针。他指出：发展是硬道理，中国解决所有问题的关键在于依靠自己的发展。

发展是社会化大生产的内在要求，人类社会的进步最终是以生产力的发展为基础的。在现代化大生产中，一定时期生产发展的规模大小、速度快慢，对于下一个时期生产力发展起着至关重要的作用。社会生产只有达到一定的规模和质量，才具备向更高台阶迈进的条件，才能在激烈的国际竞争中处于有利地位。同时，发展也是我们解决国际国内各种问题、保持稳定和长治久安的物质基础。我国目前存在的种种问题，归根到底都是由于经济不发达、生产力落后所造成的，只有发展才能为解决这些问题提供坚实的物质基础。

对改革开放来讲，能否进一步深化和扩大，能否在改革开放中保持相对稳定的局面，也有赖于发展。加强社会主义精神文明建设，充分展现社会主义的优越性，实现祖国统一、维护世界和平，都有赖于我们的发展。所以，我们“必须始终紧紧抓住发展这个执政兴国的第一要务”，不断开创社会主义现代化建设的新局面。改革是我国经济和社会发展的强大动力，是为了进一步解放和发展生产力。它的决定性作用不仅在于解决当前经济和社会发展中的一些重大问题，而且要为我国经济的持续发展和国家长治久安打下坚实基础。

稳定是改革和发展的前提，发展和改革必须有稳定的政治和社会环境，没有稳定，一切无从谈起。“改革是动力，发展是目标，稳定是前提”，这就是三者之间的内在联系。要正确处理三者关系，就“要把改革的力度、发展的速度和社会可承受的程度统一起来，把不断改善人民生活作为处理改革发展稳定关系的重要结合点，在社会稳定中推进改革发展，通过改革发展促进社会稳定”。

如何正确认识和处理改革、发展、稳定的关系，是社会主义市场经济条件下事关改革开放大局的重大问题，也是社会主义建设中的一条客观规律。江泽民在党的十四届五中全会上发表的题为《正确处理社会主义现代化建设的若干重大关系》的重要讲话中，首先就论证了这一重大关系。在党的十六大报告中，又把正确处理改革发展稳定关系作为中国特色社会主义建设的一条基本经验，表明我们党对这一关系社会主义现代化建设规律的认识已经提高到了一个新的阶段。

第三节　“三个代表”重要思想与人类社会的发展规律

我们面对的现实世界，是包括人类社会和其他的自然界在内的统一整体。这两者密切联系，相互制约，构成一个统一的历史过程。正如马克思指出的：历史可以从两方面来考察，可以把它划分为自然史和人类史。但这两方面是不可分割的；只要有人存在，自然史和人类史就彼此相互制约。一方面，人类社会是从自然界中产生和分化出来的，它是广义自然界的一个组成部分，它的存在和发展一刻也离不开它所源出的自然界。另一方面，人类社会又是广义自然界的一个独特领域，它是由有意识和意志的人主动参与和实现的过程，它的存在和发展又有自己的特殊性，而不同于其他的自然界。

马克思主义以前的历史观为人类社会的这种特殊性所迷惑，未能科学地揭示出人类社会的特殊本质及其发展的独特规律，致使人类对自身历史的认识长期处在徘徊探索之中。直到马克思恩格斯通过揭示物质生产在人们的社会生活和历史发展中的根本作用，创立了唯物史观，人们对自身历史及其规律性的认识才进入了一个新时期。“三个代表”重要思想作为中国共产党人集体智慧的结晶，体现了马克思恩格斯所创立的唯物史观的基本原理，也集中体现了我们党在新的历史条件下对人类社会发展规律的新认识。

“三个代表”重要思想对于人类社会发展规律的新认识体现在坚持和继承了马克思、恩格斯所创立的唯物史观的基本原理及其本质精神，坚持和继承了贯穿于马列主义、毛泽东思想、邓小平理论中的科学世界观和方法论，立足于国内外形势的新变化和中国特色社会主义建设实践深入发展的新要求。以巨大的政治勇气和卓越的理论创新，探索分析了当代资本主义和社会主义的发展变化及其根本原因，进一步论证了“两个必然”规律的客观性和科学性，并由此深化和推进了人们对人类社会发展规律的理论和认识。这主要体现在以下几个方面：

一、深化了对资本主义发展历史进程的认识

早在马克思主义创立之时，马克思恩格斯就宣布了资本主义必然灭亡的命运。在《资本论》的最后，马克思庄严宣告“生产资料的集中和劳动的社会化，达到了同它们的资本主义外壳不能相容的地步。这个外壳就要炸毁了。资本主义私有制的丧钟就要响了。剥夺者就要被剥夺了。”列宁在20世纪初期曾经提出进入帝国主义阶段的资本主义，是垄断的、腐朽的、垂死的资本主义。

但发人深省的是，人类社会的历史以其自身的逻辑向前发展，到现在，资本主义不仅没有在世界上消失，而且发达资本主义国家在生产力、科学技术等方面还有新的很大的发展。面对这样的客观现实，江泽民指出：“我们应该坚持马克思主义的基本原理，注重从理论和实践、历史和现实的广泛结合上，引导广大干部群众正确认识当代资本主义的历史进程。一方面，绝不能因为资本主义社会在具体演进中产生的一些繁荣现象而否认马克思主义的基本原理和科学论断。另一方面，要加强对当代资本主义自我调节和发展的研究，作出有说服力的理论分析，进一步丰富和发展马克思主义理论。”这就对如何正确认识资本主义发展的历史进程指出了科学的思想方法和认识途径。

从根本上说，马克思恩格斯关于资本主义必然灭亡的论断是对人类社会发展客观规律的揭示。资本主义必然为社会主义所取代，并不是共产党人的空想和善良愿望，而是资本主义内在矛盾运动的结果。生产力与生产关系的矛盾，是一切社会形态的基本矛盾，在资本主义社会集中表现为生产的社会化同资本主义私人占有之间的矛盾。它在经济上表现为个别企业生产的有组织性和整个社会生产的无政府状态之间的对立，以及生产能力的巨大增长同劳动群众购买力相对缩小之间的矛盾。在阶级关系上表现为无产阶级与资产阶级之间的对立。这些矛盾的解决，只能通过建立新的生产关系才能完成，必然埋葬资本主义，建立更先进的社会主义、共产主义制度。这是资本主义发展历史进程的总趋势，是不可动摇的真理。

但也应该看到，马克思恩格斯在正确揭示社会发展基本规律的时候，对当时资本主义社会基本矛盾两个方面实际情况的分析也都有失误。一方面，对当时社会化大生产发展程度的估计过高；另一方面，对资本主义生产关系对生产力的容纳量以及自身的调节能力估计不足。这也验证了马克思关于社会发展的一个历史唯物主义基本观点：无论哪一个社会形态，在它所能容纳的全部生产力发挥出来之前，是决不会灭亡的；而新的更高的生产关系，在它的物质存在条件在旧社会的胎胞里成熟之前，是决不会出现的。

资本主义的发展，如果从英国资产阶级革命算起，至今已有360多年的历史了。在此过程中，资本主义之所以未能像马克思恩格斯所预料的那样迅速走向灭亡，相反却出现了如前所述的新变化。从根本上来讲，主要有两个原因：

一是资本主义的自我调节。在自由资本主义时期，资本主义经济发展的特点是自由放任，只凭“看不见的手”即市场来调节。这种自由放任的结果是导致周期性的经济危机的爆发，最后引发了1929年至1933年世界资本主义经济危机的大爆发。资本主义国家为摆脱这场大危机，纷纷通过采取加强国家干预或宏观调控的做法来发展经济，其间经历了罗斯福新政、凯恩斯主义、新保守主义、“第三条道路”等政策主张的演进。在当代，资本主义的自我调节，已经形成了一套比较齐全、比较成熟的体制和做法，调节范围也扩展到经济、政治和社会生活的各个领域。从而使资本主义得以从严重的经济政治危机中“死里逃生”，并且获得了新的发展。促使资本主义发生变化的这个原因是马克思主义经典作家所未曾预料到的。马克思恩格斯生前仅仅看到了资本主义经济领域里出现了自我调节的萌芽，但他们对于资本主义自我调节的深度、广度以及如此巨大的作用确实始料未及。

二是科学技术的迅速发展，为资本主义国家生产力的发展开辟了新的空间。20 世纪初科学技术对西方发达国家生产力发展的贡献率仅为 18% 左右，现在已达到 80% 左右。二战结束以来，在西方资本主义国家掀起的科技革命，极大地推动了生产力的发展。迫使资本主义国家必须根据生产力的发展需求，在资本主义生产关系允许的范围内进行某些调整，包括借鉴社会主义的一些做法和经验。同时，生产力的巨大发展，也使资本主义国家有了足够的物质手段建立和完善其社会保障体系和福利制度，这些因素都有利于资本主义国家减少和缓和社会的阶级矛盾。

由此，我们可以看到，资本主义所作的这些自我调整，尽管属于资本主义改良的性质，但它毕竟大大缓和了其社会基本矛盾。资本主义国家为了维护资本主义制度的生存和发展，对资本主义生产关系的某些环节和资本主义经济社会的运行、管理机制作了不少的自我调节、改良和改善，从而使得资本主义的生产关系不仅能够容纳现实的生产力，而且生产力还在发展，资本主义统治下的阶级矛盾和社会矛盾也有一定程度的缓和。这说明资本主义社会对生产力的发展还有一定的容纳量，同时这也意味着资本主义的灭亡必须还要经过一个长期曲折的过程。

尽管当代资本主义发生了很大变化，仍然没有改变资本主义国家社会基本矛盾的性质。在当今世界，资本主义制度所固有的基本矛盾依然存在，并没有因为西方国家经济、科技的发展而有本质的改变。从生产力方面来看，资本主义社会化生产不但没有消灭，而且在二战结束以后，其社会化生产已跨出了国界，向洲际和全球扩张。从生产关系方面来看，尽管在当今西方发达国家出现了某些资本占有社会化的倾向，但占主导地位的所有制仍然是生产资料私人占有。资本主义的基本矛盾不但没有消失，而且在新的基础上被进一步积累和放大。从 2007 年开始的美国次贷危机，到近两年的欧债危机，都进一步证明了这一点。正如江泽民所指出的：西方资本主义国家进行的自我改良和改善，并没有触动资本主义统治的根基，并没有改变资本主义制度的性质，也没有改变马克思主义关于资本主义的基本原理的真理性。

资本主义必然为社会主义所取代的历史必然性和长期性，是社会发展客观规律的要求，是资本主义社会无法摆脱的历史宿命。在这里，“三个代表”重要思想进一步从认识论的角度指出了如何克服简单化的理解、正确认识规律及其表现形态的方法。客观规律指向的历史结局，从总体来说在其整个演化过程终结之前是不可能提前出现的。任何客观规律都是在历史的具体演进中，逐渐地和愈来愈深刻地发生作用的，这是对马克思主义关于社会形态两个“决不会”观点的深化和发展。

二、深化了对社会主义发展历史进程的认识

正如论证了资本主义必然灭亡一样，马克思恩格斯也早已证明了社会主义必然胜利的前景。恩格斯说：社会主义现在已经不再被看作某个天才头脑的偶然发现，而被看作两个历史地产生的阶级即无产阶级和资产阶级之间斗争的必然产物。它的任务不再是构想出一个尽可能完善的社会体系，而是研究必然产生这两个阶级及其相互斗争的那种历史的经济的过程；并在由此造成的经济状况中找出解决冲突的手段。由此可见，社会主义的产生具有历史的客观必然性。

在马克思主义诞生150多年、十月革命胜利80多年、我国社会主义制度建立50多年后，以江泽民为代表的中国共产党人对社会主义发展史中的经验教训进行了深刻的反思，认真总结苏联解体、东欧剧变的教训，以及我国的经验教训，深刻分析它们的原因，得出了两条结论，一是必须坚持社会主义，二是必须进行社会主义改革，探索符合本国实际的社会主义发展道路。

正确理解社会发展的客观规律和社会主义事业的长期性艰巨性，坚定走建设中国特色社会主义道路的决心和信心，这是正确认识社会主义发展的历史进程而得出来的两条最基本的科学结论。“三个代表”重要思想深化了对社会主义发展历史进程的认识，主要体现在3个方面：

一是体现在对社会主义事业的长期性、曲折性的认识上。社会主义思想自从诞生以来，就对人类历史产生了重大影响。20 世纪科学社会主义的发展，实现了由理论变为现实、从一国模式到多种模式的伟大历史性飞跃。但是，20 世纪 80 年代末 90 年代初的东欧剧变、苏联解体，使世界社会主义运动遭到巨大挫折。在中国社会主义的实践中，也曾出现过简单化、片面化的倾向。超越社会发展阶段，被一些不切实际的想法所左右，搞所谓“跑步进入共产主义”、“大跃进”等。这些违背社会主义建设规律的做法，使社会主义事业蒙受了巨大的损失。

为什么会出现这种情况？对此，江泽民深刻指出：当前，世界社会主义事业遇到严重挫折。但是，这只是历史长河中的暂时现象。从世界历史进程看，社会主义的历史还是短暂的，总的说来还处在实践和发展的初期。由于社会主义是一种崭新的社会制度，没有现成的经验可以遵循，对于“什么是社会主义，怎样建设社会主义”，就需要不断地实践、认识、再实践、再认识，在这个过程中就可能发生这样那样的失误以至挫折。

从人类社会发展的历史进程看，社会主义还是新生事物。任何新生事物的成长、发展和壮大都不会一帆风顺，总是在曲折中前进的。社会主义革命是人类历史上最深刻的革命；社会主义制度是与一切旧的社会制度和传统腐朽观念的决裂，必然受到被剥夺的“剥夺者”以及敌对势力疯狂的反抗和破坏，必然受到习惯势力、传统观念顽固的抵制和侵袭；社会主义是对资本主义的整个社会制度、价值观念的否定，必然受到敌对势力的仇恨和围攻，他们企图通过战争或者“和平演变”，最终在世界上彻底消灭共产主义制度。但是，社会主义制度是人类历史上最先进的社会制度，社会主义思想是人类最真、善、美的思想。一方面，社会主义的实现是不可阻挡的历史趋势；另一方面，这又只能是一个长期的历史过程，遭受暂时的挫折和失利在所难免。

二是体现在对社会主义国家发展状况的认识上。目前，从世界经济、科技发展和物质文化生活水平来看，发达资本主义国家比发展中的社会主义国家要高得多，这是客观事实。对这个问题应该怎么看？“三个代表”重要思想作出了科学的回答：

一方面，“十月革命以后诞生的社会主义国家，基本上都是原来经济政治文化落后的国家。彻底改变这种落后的面貌，在建立社会主义基本制度以后需要经历一个漫长的发展过程，其前进途中也不可避免地会遇到许多难以预料想象的困难与风险，不会是一帆风顺的。”在社会主义建设的实践中，由于人们思想认识上的局限和经验的欠缺，没有一以贯之地坚持把发展生产力放在首位，这在一定程度上也阻碍了社会主义国家的发展。

另一方面，我们也必须充分地认识到，自从马克思主义诞生以后，社会主义的理论和实践在探索、保证全体人民的政治平等和当家作主，消灭人剥削人的制度，消除两极分化、贫富悬殊，建设新型的思想道德文化等方面，取得了巨大的进步，也积累了丰富的经验。社会主义的中国，经过50多年的建设，极大地解放了社会生产力，综合国力迅速增强，人民生活水平不断提高，取得了举世瞩目的成绩。特别是以党的十一届三中全会为标志，中国的社会主义现代化建设进入了新时期。以江泽民为核心的第三代领导集体，不断丰富和发展邓小平理论，经受了各种考验，使中国的综合国力迅速增强，社会主义显现出越来越强大的生命力和优越性。“实践证明，社会主义是指引世界上处于剥削制度压迫之下的无产阶级和劳动人民改变自己命运、获得社会解放、建设幸福生活的正确道路。”

以上回答，对社会主义发展现状进行了客观分析，既体现了宽广的眼界和清醒的头脑，又体现了高度的历史洞察力，纠正了那种认为社会主义不如资本主义的错误认识。

三是体现在对只有社会主义才能发展中国的认识上。中国走上社会主义道路是历史的必然，是无数仁人志士和广大人民群众不懈奋斗的结果。江泽民对中国走社会主义道路的必然性作过多次论述。他在1998年7月的讲话中说：“必须把社会主义和初级阶段这八个字统一起来认识和把握。走社会主义道路，是近代以来中国历史发展的必然和中国各族人民的正确选择。想让中国放弃社会主义、回头走资本主义道路，这是完全错误的，根本行不通的。在社会主义初级阶段，必须把发展生产力摆在首位，改革那些不适应生产力发展的生产关系和上层建筑。这种改革，是社会主义制度的自我完善，是巩固和发展社会主义的需要，绝不是搞资本主义。在任何时候、任何情况下，都绝不允许危害社会主义、损害人民根本利益的东西自由泛滥。”2000年6月，他强调：“要使大家认识为什么只有社会主义才能救中国，只有社会主义才能发展中国。一方面，绝不能因为资本主义社会在具体演进中产生的一些繁荣现象而否定马克思主义的基本原理和科学论断。另一方面，要加强对当代资本主义自我调节和发展的研究，作出有说服力的理论分析，进一步丰富和发展马克思主义理论。”2000年10月，他指出：“只有在中国共产党的领导下，坚持走建设有中国特色社会主义道路，才能发展中国，才能实现中华民族的伟大复兴。”从这一系列论述来看，江泽民强调中国必须始终坚持社会主义道路，既是由于历史的规律性，更是由于现实的必然性。

江泽民对“从社会主义倒退”的说法给予了严厉批评，对只有社会主义才能发展中国的原因进行了详细的分析。他在全国党建理论讨论会上的讲话中指出：“有人提出，是不是先退回到资本主义，把生产力发展一下，然后再来搞社会主义。其实，这样的思想在中国近现代史上早就出现过。但是我们必须看到资本主义发达国家之所以发达，都有一个资本原始积累的阶段，这里面不知榨取了多少劳动人民的血汗。就是现在，资本主义发达国家与许多不发达国家商品交换也是不等价的，据有关资料报道，每年差价在1000亿美元以上。中国如果从社会主义倒退，只能成为国际垄断资本的附庸，国家的主权和民族的独立都要丧失掉。在中国搞资本主义行不通，不可能使生产力大发展。这是历史证明了的结论。而且必须看到，过去搞资本主义行不通，现在更行不通。在我们党和人民政权领导下，走社会主义道路，能够更快地发展生产力，这也是历史证明了的。对于这些问题，我们的理论界应该把它说得比较透一点。”

三、深化了对当代社会主义与资本主义关系的认识

当今世界，是社会主义和资本主义两种社会制度、两种发展道路、两种理想目标并存对立、相互竞争的世界。“一球两制”将是相当长的历史现象。如何在长期共存中处理与资本主义的关系？国际共产主义运动、我国社会主义建设的经验教训都证明，凡是能够正确处理社会主义和资本主义的关系，事业就能够顺利发展；反之，社会主义事业就会受挫。

20世纪40年代末到50年代初，在第二次世界大战已经结束后，出现了和平与发展的契机。这时，一方面，由于冷战，东西方两大阵营政治对立、军事紧张，西方对东方的封锁扼制，导致经济不可能有较多的贸易；另一方面，斯大林提出“两个平行市场”的观点，认为“统一的无所不包的世界市场瓦解了”，出现了“两个并行的也是对立的世界市场”，这个观点有过多的人为因素，将社会主义和资本主义的市场分割开来，基本割断了苏联同西方国家经济的密切联系，对经济发展有较大的负面影响。

由于受到西方的封锁和国内的消极思想的影响，改革开放前的中国也是谈“资”色变，未能正确地认识和处理与资本主义国家之间的关系。在这个问题上，邓小平经过深入的思考，明确提出：社会主义与资本主义要长期相处，就必须全面地认识和对待资本主义。既要抵制资本主义腐朽落后的东西，并对其“西化”“分化”的图谋保持警惕；又要大胆地学习借鉴其一切先进的和进步的东西。这一思想，在国际共产主义运动史上是一个伟大的创新。

当前，我们的社会主义现代化建设是在与资本主义国家相互联系、相互交往中进行的，是在经济全球化和我国已经加入世贸组织后的大背景下进行的。正确处理与资本主义的关系，比以往任何时候都具有紧迫性。经济全球化和新科技革命的浪潮，极大地促进了生产力的发展，推动了国际分工和经济高度国际化的发展，使世界各国的生产、流通和投资等日益连结为一个整体。任何一个国家，不论其不论国家大小，社会制度如何，要想使本国经济迅速发展，必须融入世界经济这个整体之中，积极参与国际分工和竞争，实现国际国内两个市场的对接。

在我国已经加入世贸组织后，我们只有善于处理同资本主义的关系，才能处于主动和有利的地位。社会主义和资本主义长期共存于一个世界上，它们之间除了对立斗争的一面，还有互相学习、借鉴、利用的一面。如果说“资本主义在它的不到一百年的阶级统治中所创造的生产力，比过去一切世代创造的全部生产力还要多，还要大”，同样也可以认为，资本主义几百年的历史发展，在人类文明的各个方面都有辉煌的建树。新生而弱小的社会主义要代替资本主义，就要大胆借鉴、吸收资本主义一切有益的东西，这并不意味着社会主义与资本主义趋同或向资本主义靠拢，而是要求在根本社会制度和发展道路上，社会主义要同资本主义划清界线。对于资本主义腐朽思想的侵蚀，要进行坚决抵制，善于鉴别和剔除西方文明中的腐朽的东西，从而提高拒腐防变的能力。唯有如此，社会主义才能最终超越和代替资本主义。

“三个代表”重要思想在继承发展邓小平理论的基础上，指出：世界是丰富多彩的。各国文明的多样性，是人类社会的基本特征，也是人类文明进步的动力。应尊重各国的历史文化、社会制度和发展模式，承认世界多样性的现实。世界各种文明和社会制度，应长期共存，在竞争比较中取长补短，在求同存异中共同发展。我们将继续同各国人民一道，为建设一个持久和平与普遍繁荣的世界而努力。

这个论断，从人类文明发展的历史高度，跳出了社会主义与资本主义尖锐对立的思想束缚，明确提出了认识和处理社会主义与资本主义关系的新思路。这段话启示我们：要承认世界文明和社会制度多样性的客观现实，文明之间有差异，社会制度不同，就存在相互进行比较的可能。其结果是各有长短，通过互相影响、互相尊重、取长补短，从而共同推动人类的发展和进步。

第五章

精神实质

——与时俱进、执政为民、保持党的先进性

关于“三个代表”重要思想的精神实质，理论界有不同提法，大体有 4 种观点：第一种观点认为，“三个代表”重要思想的精神实质是坚持党的先进性；第二种观点认为，“三个代表”重要思想的精神实质是立党为公、执政为民；第三种观点认为，“三个代表”重要思想的精神实质包括这一重要思想的精髓——解放思想、实事求是、与时俱进，核心——坚持党的先进性，本质——立党为公、执政为民；第四种观点认为，“三个代表”重要思想的精神实质除包括这一重要思想的精髓、核心和本质外，还应包括主题——建设中国特色社会主义。

理论的精神实质，是指它的观点、主张所体现出的最根本的精神，是指这一理论的主旨、精髓和要义，它反映这种理论的本质属性，反映这种理论区别于其他理论的内在规定性。按照这种理解，可以认为，一种理论的精神实质应包括三方面的内容：一是精髓，即该理论所依据的世界观和方法论，它贯穿于该理论当中，是其形成和发展的前提和基础；二是核心，它居于该理论的中心，是其存在和发展的根本条件和依据；三是本质，它是该理论的根本属性，决定其根本性质和方向。“三个代表”重要思想的精髓——解放思想、实事求是、与时俱进，核心——保持党的先进性，本质——立党为公、执政为民，始终贯穿于整个体系之中。从世界观和方法论、理论存在和发展的根本条件、理论的本质属性三个层面体现了马克思主义的立场、观点和方法，体现了“三个代表”重要思想的主旨和要义。可以说，把握了这三个方面，就从根本上把握了“三个代表”重要思想的精神实质。可见，“三个代表”重要思想的精神实质是与时俱进的精髓、保持党的先进性的核心和立党为公、执政为民的本质三者的统一。

第一节 与时俱进——“三个代表”重要思想的精髓

精髓，即该理论所依据的世界观和方法论，它贯穿于该理论，是其形成和发展的前提和基础。世界观和方法论对于人们认识世界、改造世界至关重要，只有世界观和方法论即思想路线正确，党才能在正确把握时代发展变化的基础上，制定出符合时代和社会发展要求的路线、方针和政策，才能形成科学的系统的理论。“三个代表”重要思想作为与马列主义、毛泽东思想、邓小平理论一脉相承的科学体系，始终坚持用马克思主义的科学世界观和方法论来观察当今世界和中国所发生的变化，始终坚持与时俱进，一切从中国的实际出发，用发展的眼光看待中国的社会主义现代化建设实践。与时俱进作为“三个代表”重要思想的精髓，既为“三个代表”重要思想的形成提供了坚实的思想理论基础，又为“三个代表”重要思想的丰富和发展提供了强大的精神动力。只有把握了这一精髓，才能深刻领会“三个代表”重要思想的精神实质。

一、“三个代表”重要思想是与时俱进的产物

任何一种理论都是自己时代的产物。世纪之交，面对世情、国情、党情的重大变化，我们党要紧跟时代进步的潮流，永葆党的先进性，巩固党的执政地位，就必须把马克思主义基本原理与中国具体实际结合起来，研究新情况，解决新问题，不断开拓中国特色社会主义的新局面。“三个代表”重要思想，就是以江泽民为核心的党中央领导集体在坚持党的实事求是思想路线的基础上，紧密结合国内外形势的新变化，紧密结合我国改革开放和社会主义现代化建设的实际以及党员干部队伍发生的重大变化而提出的治党治国理论。

“三个代表”重要思想形成和发展的过程，就是坚持与时俱进的过程。从江泽民在 1992 年 5 月的中央党校省部级干部进修班上提出“社会主义市场经济”理论，到党的十五大提出“一个中心，三个着眼于”；从江泽民在建党 80 周年大会上提出“三个解放出来”，到 2002 年 5 月他在中央党校提出“必须把发展作为党执政兴国的第一要务”，都突出体现了解放思想、实事求是、与时俱进的理论品质。

党的十六大报告，通篇反映了马克思主义与时俱进的理论品质和创新精神。“三个代表”重要思想所回答的一系列理论和实践问题，如“十个关于的思想”等等，都是党中央领导集体坚持解放思想、实事求是，在建设中国特色社会主义的实践中，以我们正在做的事情为中心，着眼于马克思主义理论的运用，着眼于对实践问题的理论思考，着眼于新的实践和新的发展而提出的理论创新成果。正如江泽民所指出的，“我们党在理论和实践上的每一步前进，改革和建设的每一步发展，都是坚持党的思想路线，解放思想、实事求是的结果。”没有与时俱进作为思想理论基础，就不会有“三个代表”重要思想的形成。

二、“三个代表”重要思想的丰富和发展，仍需要继续与时俱进

马克思主义是科学理论，不是一成不变的教条和终极真理，它必将随着时代的发展而不断丰富和完善。“三个代表”重要思想作为与马克思列宁主义、毛泽东思想和邓小平理论一脉相承的科学体系，也必然会在指导实践的过程中不断得到丰富和发展，不断开拓新的境界。这就要求我们正视当今世界和中国发生的一系列重大变化，正视这些变化对党和国家的工作提出的新要求。要求我们运用马克思主义的立场、观点和方法，发扬探索精神，勇于回答和认真解决前进中遇到的重大问题，积极推进理论创新、制度创新和科技创新，自觉地用发展着的马克思主义指导新的实践。

只有根据变化了的实际，在思想上不断有新解放，在理论上不断有新发展，我们党才能适应变化了的形势，继续肩负起无产阶级政党的政治责任和历史使命，领导中国人民，实现人的全面发展和社会的全面进步。当前，我国在深化改革、促进发展的过程中，还面临着许多严峻的挑战，例如，如何进一步深化改革，理顺各种利益关系，尽快建立起比较完善的社会主义市场经济体制；如何巩固和完善中国特色社会主义的政治制度；如何建设和弘扬中国特色社会主义的先进文化；如何实现物质文明、精神文明与政治文明的协调发展；如何在时代条件和社会生活发生巨大变化的情况下巩固党的执政基础，改进党的领导方式和执政方式，提高治国理政的能力和水平，等等。所有这些，都是需要深入研究和着力解决的重大理论和现实问题。

只有不断与时俱进，我们党才能真正做到根据变化了的实际，制定出符合时代和社会发展要求的理论、路线、方针和政策，不断丰富“三个代表”重要思想的理论内涵，把建设中国特色社会主义伟大事业推向前进。与时俱进的党，必然是富于理论创新的党；勇于创新的党，必然是充满生机活力的党。

第二节 保持党的先进性——“三个代表”重要思想的核心

中国共产党的历史地位及其作用，始终是与她的先进性联系在一起的。在改革开放和发展社会主义市场经济的条件下，如何一如既往地保持党的先进性品格，始终站在时代潮流的前列，更好地代表最广大人民的根本利益，是我们进一步加强党的建设的一个重大理论和现实问题。“三个代表”重要思想，集中论述了党的先进性。永葆党的先进性是这一理论的基本出发点，是其存在和发展的根本条件和依据，更是该理论的核心。

所谓党的“先进性”，就是要始终站在时代潮流的前列。中国共产党作为中国工人阶级的先锋队，在本质上是具有先进性的。但要始终保持党的先进性，关键在于与时俱进，紧紧把握时代的脉搏，永远走在时代前列，永葆党的生机与活力。

一、先进性是党的生命，关系党的生死存亡

这一点，我们可以从历史和现实两个方面清楚地看出来。从历史上看，自无产阶级夺取政权、马克思主义政党执政以来，各社会主义国家的共产党都力求保持先进性，并为此作出了积极的努力。凡是党的领导坚强有力、社会主义事业顺利发展的国家和时期，党的先进性就保持得比较好，发挥得比较充分；反之，凡是党的领导不够坚强有力、社会主义事业不能顺利发展的国家和时期，党的先进性就保持得不好，发挥得不够充分。

从现实来看，为什么苏联共产党作为老牌的马克思主义执政党，最后竟难逃“勃兴忽亡”的命运？为什么在列宁时期就已发现并准备医治的苏共体制弊病到后来愈益严重、病入膏肓直至崩溃？为什么人数众多的苏共党员和人民群众没有像捍卫十月革命胜利成果那样去抵

制解体和演变？为什么那么多的苏共党员干部后来摇身一变成为俄罗斯的“政要”、“新贵”和“暴发户”？这些必须引起我们的深刻反思。

20世纪90年代初期，苏联解体、东欧剧变，这些国家的共产党垮台、社会主义事业遭受重大挫折，固然有诸多原因，其中当然也包括这些国家领导人个人的作用和外部因素，但最重要的原因还是这些国家执政的共产党逐渐失去了先进性，落后于时代发展的潮流，严重脱离群众。先进性的丧失，必然导致这些国家的共产党失去领导国家进行现代化建设的资格，必然失去人民群众的拥护和支持，其执政地位的动摇以至被历史所淘汰也就是不可避免的了。

中国共产党之所以没有步苏联、东欧的后尘，而且成功地走出了一条建设中国特色的社会主义道路，领导中国改革开放取得举世瞩目的成就，一个重要原因是我们党在十一届三中全会以后重新确立了解放思想、实事求是的思想路线，焕发了我们党所固有的先进性，并不断增强了这种先进性。历史经验教训告诉我们：无产阶级政党只有始终保持先进性，党的执政地位才能牢固，党才能得到人民群众的拥护和支持，才能永远立于不败之地。

二、保持党的先进性，必须不断深化对执政党建设规律的认识

在经济全球化和世界政治格局多极化趋势日益明显的时代背景下，我们要始终保持党的先进性，提高执政水平和领导水平，必须善于从世界各国政党的兴衰过程以及世纪变迁的时代大势中，不断深化对执政党建设规律的认识。在20世纪的世界政治舞台上，建党上百年、在国内或区域内长期连续执政数十年、历史上曾经创造过辉煌、现在又沦为在野党的俄罗斯（原苏联）共产党、中国国民党和墨西哥革命制度党等，就很值得我们研究和借鉴：

其一，苏联共产党这样一个有近百年历史，拥有1900万党员，有世界影响的大党，曾经创立了人类历史上第一个社会主义国家，

执政了74年，为什么顷刻之间共产党下台、社会主义垮台了？其二，中国国民党这样的百年老党，在大陆执政22年之后溃败台湾，在台湾地区当政50年之后，又在2000年台湾地区领导人选举中遭到惨败，原因何在？其三，墨西哥革命制度党在墨西哥长期连续执政达71年，20世纪80年代中期还拥有党员1500多万，约占全国人口的1/5，但进入90年代后却由盛转衰，沦为在野党。这其中有何教训？

上述三党虽然国别不同、性质迥异，由执政走向衰败的原因也不尽相同，有内因和外因的相互作用。但从内因这个根本原因来分析，其历史教训不外是因为它们落后于时代发展的潮流而被历史所淘汰，或者是因为它们严重脱离群众而失去群众的拥护和支持，或者这两者兼而有之。由此可见：

第一，在从传统社会向现代社会的转型中，这些政党未能适应客观环境变化的需要，使自身结构、功能、机制和活动方式不断得到改进。也就是说，在不断变化了的环境和形势面前想变又怕变，未能从旧的、过时的党的建设模式中摆脱出来。因而在新的情况、新的历史条件面前束手无策，失去先进性和战斗力，失去领导国家现代化的能力。

第二，不能顺应先进生产力的发展要求，执政期间均不同程度导致发展战略失误，特别是苏共未能及时从根本上解决经济体制存在的弊端，这是导致失败的一个重要原因。

第三，党内权力结构严重官僚化，特权和腐败现象滋生蔓延，党的功能严重削弱，从而使党缺乏向心力和凝聚力。在关键时刻，则得不到最广大人民群众真心实意的支持和拥护，一遇风浪，便陷于瘫痪和孤立无援的境地。

第四，执政基础不牢固，执政方式都是“以党治国”，党政不分，结果从被人民选择走向被人民抛弃。正如江泽民指出的：90年代以来，一些执政几十年的政党先后下台，有的已经衰亡。其中的根本原因是党的内部出了问题。认真分析这些政党的兴衰，加以借鉴，对我们加强党的建设很有意义。历史和现实都表明，一个政权也好，一个政党也好，其前途和命运最终取决于人心向背，不能赢得最广大群众的支持，就必然垮台。

三、永葆党的先进性，要有宽广的世界眼光

当今世界，经济全球化日益加速，政治多极化继续发展，科学技术突飞猛进，人类社会正以前所未有的速度发生着广泛而深刻的变化。我们党要始终代表中国先进生产力的发展要求、中国先进文化的前进方向、中国最广大人民的根本利益，就必须眼界开阔，深刻洞察，从异彩纷呈的外国政党文化中撷取科学成分。

无论是马克思主义政党，还是社会民主党、资产阶级政党，在具有阶级性的同时，也因遵循政党运作的一般规律而具有共性。至少在治国安邦、巩固执政地位上是一致的。当代资产阶级政党和社会民主党，在走出困境、争取主动方面也动了不少脑筋，作了不少改进，从马克思主义政党理论中领悟和学会了不少东西，这些政党值得我们借鉴的东西也是不少的。毛泽东曾经说过：类似斯大林严重破坏法制的事件在英、法、美这样的西方国家不可能发生。邓小平在谈到我们的干部能上不能下时说：这一点，我们不如资本主义社会，资本主义社会是能上能下的。在当今全球化时代，政党之间互相学习、借鉴已变得更直接更频繁，借鉴得好、消化得好，竞争能力就强，生命力就越强。中国共产党要永葆党的先进性，始终走在时代潮流的前列，必须有这样宽广的世界眼光。

四、党的先进性的实现不是一劳永逸的，需要不断努力才能保持和发展

江泽民提出“三个代表”重要思想，不仅是总结我们党 80 年历史和其他政党兴衰成败的经验教训得出的重要结论，而且着重回答了党在今天执政的条件下怎样始终保持先进性的问题，具有重要的现实意义和

深远的战略影响。

为什么中国共产党要特别重视先进性问题呢？因为是否具有先进性关系到党能否得到人民拥护，关系到党能否完成时代赋予的使命，关系到党是否具有继续执政的基本资格和条件。中国共产党之所以能够执政至今，从根本上讲，是因为她保持了党的先进性，特别是能够随着时代的发展审时度势，与时俱进。通过不断加强自身建设，努力适应时代的要求，带领全国各族人民按照时代进步的潮流不断解决国家发展中面临的问题，得到了最广大人民群众的拥护和支持。

但是，党的先进性的实现，不是一劳永逸的。党所处的形势在变化，肩负的任务在变化，队伍自身也在变化，党的先进性也是一个需要不断努力才能够保持和发展的过程。过去先进不等于现在也先进，现在先进不等于将来必然先进。不努力，停滞了，先进性就会蜕化。保持党的先进性，实质上是一个不断解决自身面临和存在的问题，与时俱进，不断实现自我更新、自我提高、自我进步的过程。党对先进性的追求，必须是不间断的、不停滞的，必须付出艰辛努力。

当前，要继续保持党的先进性，必须解决党的建设同新形势新任务不相适应的问题，必须解决党内在思想上组织上作风上存在的不符合甚至违背党和人民利益的情况，必须研究党的建设出现的新情况和新问题。必须认真审视我们正在和即将做的工作，看看是否符合“三个代表”重要思想的要求，符合的就毫不动摇地坚持，不符合的就实事求是地予以纠正。

第三节　“三个代表”重要思想赋予党的先进性新的时代内涵

党的十六大根据时代发展的要求和江泽民“三个代表”重要思想，对党章进行了部分修改。修改后的党章在总纲里的第一句话，就是"中国共产党是中国工人阶级的先锋队，同时是中国人民和中华民族的先锋队，是中国特色社会主义事业的领导核心，代表中国先进生产力的发展要求，代表中国先进文化的前进方向，代表中国最广大人民的根本利益。"这一段论述，是对中国共产党性质所作的精辟概括，赋予党的先进性以新的时代内涵，丰富和发展了马克思主义的党建理论。

"三个代表"重要思想在总结我们党和世界社会主义运动的历史经验和深刻教训的基础上，揭示了党的先进性的深刻内涵，进一步从社会发展规律和党的进步本质相统一的角度，对党的先进性作出了新的概括，明确了党的先进性的本质属性。

一、始终代表中国先进生产力的发展要求，从人类社会发展的根本动力的层次上，诠释了党的先进性的根本依据

马克思主义认为，在决定历史进程的社会基本矛盾中，生产力是最革命、最活跃的因素，是社会发展的根本动力。人类社会的发展，就是先进生产力不断取代落后生产力的过程，这是一个自然的历史过程。工人阶级政党属于上层建筑，它能通过自身的自觉活动，通过生产关系间接作用于经济基础，进而能动地反作用于生产力，"代表先进生产力的发展要求"，从而使共产党从社会发展的根本动力层次上获得领导社会前进的合理性，同时也使共产党的先进性得到根本的体现。

工人阶级作为社会化大生产的主体，是推动人类社会发展的最先进和最伟大的社会力量，其政治上的先进性和历史使命就在于，工人阶级只有解放全人类，才能最终解放自己。工人阶级是先进生产力的代表，工人阶级的历史使命与先进生产力发展要求和趋势是一致的。共产党通过工人阶级这一先进的阶级基础，使得自身的先进性不仅建立在阶级性的本质基础上，而且建立在科学的生产力标准基础之上。

世界各国无产阶级政党在阐述党的性质和使命时，历来把革命放在第一位，这在夺取政权和巩固政权的斗争中是正确的。但是无论革命还

是建设的根源，都是生产力发展的客观要求。“三个代表”重要思想科学地运用历史唯物主义基本原理，从揭示党的先进性的本原入手，把代表先进生产力的发展要求放在第一位，明确提出“不断促进先进生产力的发展，这是我们党始终站在时代前列，保持先进性的根本体现和根本要求”，从而使我们党始终站在中国先进生产力发展要求的最前沿，为党的事业注入了不竭的力量源泉。

二、始终代表中国先进文化的前进方向，树起了党在思想上精神上保持先进性的旗帜

把先进文化建设的重要性提高到关系党、国家和民族前途命运的高度来认识，是意义深远的理论升华。代表先进文化的前进方向，与代表先进生产力的发展要求相得益彰，深刻揭示了党的先进性的丰富内涵。作为工人阶级政党，我们党必须在物质和精神两个领域同时代表社会进步的趋势和方向，这正是马克思主义中国化和时代化的题中应有之义。《共产党宣言》指出：共产主义革命就是同传统的所有制关系实行最彻底的决裂；毫不奇怪，它在自己的发展进程中要同传统的观念实行最彻底的决裂。这里，“传统的”所有制关系和观念指的就是以往一切剥削阶级的经济制度和为之辩护的思想理论，社会主义和共产主义社会就是要确立性质与之完全不同的经济制度和新的社会意识。

“三个代表”思想从执政党建设、保持党的先进性的高度，全面、深入地论述了中国特色社会主义文化建设、精神文明建设的重要性和两个文明的辩证关系；用“三个代表”要求统领社会主义文化建设，并对中国现阶段先进文化的内涵和要求，作出了富有民族精神的鲜明时代风格的阐释。这样，就把文化建设从党所领导的一个重要方面的工作，提高到关系党的性质、宗旨和根本任务的本质层次上来，把党在物质领域的先进性和精神领域的先进性统一起来。它标志着我们党对不断推进文化发展的认识达到了新的历史高度，是对马克思主义党建学说的新贡献。

三、始终代表中国最广大人民的根本利益，是对党的宗旨的新概括，是对党群血肉联系作出的本质揭示

全心全意为人民服务，是中国共产党的根本宗旨。党在不同的历史时期，都要根据人民群众的现实状况、真实意愿和发展要求，根据最广大人民的长远利益和眼前利益的统一，来制定自己的路线、方针和政策。目前，随着改革不断推进，我国的社会生活发生了深刻变化，社会经济成分、组织形式、利益主体和就业方式呈现多样化，社会利益结构和利益实现方式也发生了较大变化。

在这种新形势下，能否充分认识“最大多数人的利益是最紧要和最具有决定性的因素”，关系到党和社会主义事业的成败，关系到国家的长治久安和执政党地位的稳固。要求党要始终代表中国最广大人民的根本利益，包含了增强党的阶级基础和扩大党的群众基础的统一，深刻揭示了党同人民保持血肉联系的实质，赋予党的宗旨以鲜明的时代内涵。

第四节　立党为公、执政为民——“三个代表”重要思想的本质

中国共产党区别于资产阶级政党的最根本特征，就在于立党为公，执政为民。“三个代表”重要思想从立党宗旨和执政目的的高度，把我们党坚持马克思主义人民利益观的重点放在“立党为公”和“执政为民”的基点上，充分体现了我们党爱民、为民、利民的政治本色。立党为公、执政为民犹如一根红线，贯穿于“三个代表”重要思想的各个组成部分。抓住了立党为公、执政为民，就从本质属性层面上抓住了“三个代表”重要思想的精神实质。

一、马克思主义政党的性质决定了“三个代表”重要思想的本质属性是立党为公、执政为民

马克思主义认为，政党是某一阶级、阶层或集团为实现其根本利

益，以取得政权和巩固政权为主要目标而建立起来的政治组织。任何政党都是阶级的产物，代表着一定阶级的意志和利益，政党的阶级性决定了其本质属性。

马克思主义政党是无产阶级的先锋队组织，无产阶级作为先进生产力和生产关系的代表，不占有任何生产资料，是私有制的天然对立物。无产阶级和资产阶级的阶级斗争，决定了它的最终目的是要彻底消灭阶级剥削和阶级压迫。无产阶级“如果不同时使整个社会永远摆脱剥削、压迫和阶级斗争，就不再能使自己从剥削它压迫它的那个阶级（资产阶级）下解放出来”，无产阶级只有解放全人类，才能最后解放自己。从这个意义上说，马克思主义政党的无产阶级性质决定了其本质属性是代表无产阶级和最广大人民的根本利益。立党为公、执政为民，从根本上反映了马克思主义政党的性质和宗旨，是马克思主义政党本质特征的集中体现。

中国共产党作为中国工人阶级及其领导下的广大人民群众利益的忠实代表，自她诞生之日起，就把全心全意为人民谋利益作为自己的根本宗旨和行为准则。在革命、建设和改革的过程中，我们党始终坚持马克思主义唯物史观，把尊重社会发展规律与尊重人民历史主体地位统一起来，把为崇高理想奋斗与为最广大人民谋利益统一起来，把坚持党的各项工作与实现人民利益统一起来，充分展现了马克思主义政党立党为公、执政为民的本质特征。中国共产党的历史，就是一部为民族独立和人民解放而斗争的历史，为实现国家繁荣富强和人民共同富裕不懈追求的历史，为实现好、维护好、发展好最广大人民根本利益而奋斗的历史。

中国共产党全心全意为人民服务的根本宗旨，决定了作为当代中国马克思主义成果的“三个代表”重要思想的本质属性必然是立党为公、执政为民。“三个代表”重要思想强调，我们党来自于人民，根植于人民，服务于人民。党所从事的伟大事业、所制定的各项方针政策，都必须以最广大人民的根本利益为出发点和归宿，党全部政治活动的最终目的，也都是为了最大限度地实现最广大人民的根本利益。除了最广大人民群众的根本利益之外，中国共产党没有任何私利。立党为公、执政为民是当代中国共产党人对自己的政党品格和全心全意为人民服务根本宗旨的最集中表述。

二、立党为公、执政为民是“三个代表”重要思想存在和发展的最高价值和根本意义

政党的价值观是指政党组织所持有的价值学说、价值观念和价值心理的总和，它体现了政党的立党宗旨和目的，是一个政党存在和发展的意义所在。任何一个政党，都有与其特定的阶级利益和特定历史时期的具体目标相适应的价值观。政党的性质不同，其价值观的内容也不相同。马克思主义政党作为工人阶级的先进政党，决定了其价值观必然是无产阶级性质的，决定了它必然要把广大人民群众的根本利益作为自己的最高价值取向。

中国共产党是中国工人阶级的先锋队，同时是中国人民和中华民族的先锋队，党要代表工人阶级、中国人民、中华民族的根本利益。立党为公、执政为民是中国共产党宗旨的根本体现和最高价值准则。“三个代表”重要思想作为与马列主义、毛泽东思想、邓小平理论一脉相承的科学体系，从根本上回答了党的执政本质、执政资格、执政功能和为谁执政等问题，集中体现了新时期中国共产党的最高价值取向：

一是从最高价值主体来看，“三个代表”重要思想从唯物史观立场出发，旗帜鲜明地指出要以人民群众为最高价值主体，强调党和国家的一切工作都要服务于人民，造福于人民。党在任何时候都要把植根于人民作为自己最根本的政治立场，自觉与人民群众同呼吸、共命运，切实做到以群众呼声为第一信号，以群众愿望为第一取向，以群众利益为第一目标，以群众满意为第一追求。

二是从最高价值定位来看，“三个代表”重要思想明确提出要把中

国最广大人民群众的根本利益作为出发点和归宿，强调党的全部任务和责任就是为人民谋利益，团结和带领人民群众为实现自己的根本利益而奋斗。在任何时候任何情况下，党的一切工作和方针政策，都要以是否符合最广大人民群众的利益为最高衡量标准。

三是从最高价值理想来看，“三个代表”重要思想深刻揭示了人与自然、人与社会的内在关系，强调要以人为本，促进人的全面发展和全面进步。“三个代表”重要思想正是从最高价值主体、最高价值定位和最高价值理想三个方面，体现我们党立党为公、执政为民的执政理念，体现其存在和发展的最高价值和根本意义。

“三个代表”重要思想的本质是立党为公、执政为民。相信谁、依靠谁、为了谁，是否始终站在最广大人民的立场上，是区分唯物史观和唯心史观的分水岭，也是判断马克思主义政党的试金石。对于马克思主义执政党来说，坚持立党为公、执政为民，实现好、维护好、发展好最广大人民的根本利益，充分发挥全体人民的积极性来发展先进生产力和先进文化，始终是最紧要的。全国各族人民是建设中国特色社会主义事业的主体，人民群众积极性创造性的充分发挥是我们事业成功的保证，不断实现最广大人民的根本利益是我们党全部奋斗的最高目的。

三、提出坚持立党为公、执政为民的根本要求，指明实现立党为公、执政为民的根本途径

实现人民的愿望、满足人民的需要、维护人民的利益，是“三个代表”重要思想的根本出发点和落脚点。“三个代表”是相互联系、辩证统一的整体。只有不断解放和发展生产力，增强国家的经济实力，才能为建设中国特色社会主义文化和实现人民群众的根本利益提供雄厚的物质基础。只有不断发展和繁荣社会主义文化，才能不断满足人民群众日益增长的精神文化生活需要，才能为发展生产力提供强大的精神动力和智力支持。只有不断提高人民群众的物质文化生活水平，改革和建设才能具有坚实的群众基础，人民群众才能始终以饱满的热情投身到建设

中国特色社会主义的伟大事业中来。

发展先进生产力和先进文化是实现最广大人民根本利益的基础和前提，实现最广大人民根本利益则是发展先进生产力和先进文化的目的和归宿。人民群众既是先进生产力和先进文化的创造者，又是其成果的享有者。这不仅提出了坚持立党为公、执政为民的根本要求，而且指明了实现立党为公、执政为民的根本途径。党的先进性要在实践中赢得，在奋斗中保持。赢得先进性固然不易，保持先进性更为艰难。

“三个代表”重要思想作为一个系统的科学理论，其精神实质的三个方面是辩证统一的整体。与时俱进是思想基础，“三个代表”重要思想在解放思想、实事求是、与时俱进中形成，又在与时俱进中落实和发展；保持党的先进性是根本条件，只有保持党的先进性，才能使党永远站在时代的前列，真正做到立党为公、执政为民；立党为公、执政为民是本质属性，党只有实现人民的愿望、满足人民的要求、维护人民的利益，才能永葆先进性，巩固党的执政地位。总之，“三个代表”重要思想的精髓、核心和本质，三者紧密联系、相互补充，贯穿于“三个代表”重要思想科学理论体系的各组成部分，统一于建设中国特色社会主义的伟大实践之中。

第六章

历史地位和指导意义

——重大成果、根本指针、理论武器

“三个代表”重要思想，是马克思主义中国化的重大成果，是当代中国共产党人的伟大创造，是全党集体智慧的结晶。解读“三个代表”

重要思想的历史地位和指导意义，要将其放在马克思主义理论发展的历史进程中来理解，放在中国特色社会主义理论体系中来理解，放在党领导人民建设中国特色社会主义的实践进程中来理解。

第一节 中国特色社会主义理论体系的重要组成部分

一、一脉相承的理论体系

“三个代表”重要思想所具有的基本点，马克思主义经典作家都有论述，但把发展先进生产力和先进文化、实现最广大人民的根本利益同坚持党的先进性联系在一起，上升到党的性质和宗旨的高度，上升到党的指导思想的高度，构成一个完整的体系，这是“三个代表”重要思想对马克思主义的创造性运用和发展。“三个代表”重要思想既坚持马克思列宁主义、毛泽东思想和邓小平理论的建党学说，又从根本上回答了在新的历史条件下加强党的建设的历史性课题，赋予党的性质以鲜明的时代意义，赋予党的宗旨以鲜明的时代内涵，赋予党的任务以鲜明的时代特征。

将“三个代表”重要思想放在马克思主义理论发展的历史进程中来理解，我们就能够更加清楚地把握“三个代表”重要思想作为中国特色社会主义理论体系的重要组成部分，与马克思列宁主义、毛泽东思想，以及与中国特色社会主义理论体系的其他部分——邓小平理论和科学发展观——在理论特征、社会理想、政治立场和理论品质等方面的内在统一性，它们是一脉相承的理论体系。这样才能更加深刻地把握“三个代表”重要思想深厚的理论底蕴和巨大的理论贡献。

二、“三个代表”重要思想是中国特色社会主义理论体系的重要组成部分

党的十八大报告指出，中国特色社会主义道路、理论体系、制度，是党和人民90多年奋斗、创造、积累的根本成就，必须倍加珍惜、始

终坚持、不断发展。中国特色社会主义道路是实现途径，中国特色社会主义理论体系是行动指南，中国特色社会主义制度是根本保障，三者统一于中国特色社会主义伟大实践，这是党领导人民在建设社会主义长期实践中形成的最鲜明特色。

这个概括告诉我们：中国特色社会主义是道路、理论体系、制度紧密结合的。既把成功的实践上升为理论，又以正确的理论指导新的实践，还把实践中已见成效的方针政策及时上升为党和国家的制度。中国特色社会主义，特就特在其道路、理论体系、制度上；特就特在其实现途径、行动指南、根本保障的内在联系上；特就特在这三者统一于中国特色社会主义伟大实践之中。在前进道路上，我们高举中国特色社会主义伟大旗帜，就是要坚持和拓展中国特色社会主义道路，坚持和完善中国特色社会主义制度，坚持和丰富中国特色社会主义理论体系。

中国特色社会主义理论体系，就是包括邓小平理论、“三个代表”重要思想、科学发展观在内的科学理论体系，是对马克思列宁主义、毛泽东思想的坚持和发展，是马克思主义中国化的最新理论成果。十八大报告强调中国特色社会主义是由道路、理论体系、制度“三位一体”构成的，并深刻阐明了三者的科学内涵及其相互关系，标志着我们党对中国特色社会主义的认识达到了新水平。

坚持以反映时代特征和实践要求的科学理论指导实践，并根据实践的新鲜经验不断推进理论创新，是马克思主义政党坚持先进性、不断推进事业发展的根本保证。我们党从诞生之日起就把马克思主义确立为自己的指导思想，并在长期奋斗中坚持把马克思主义基本原理同中国具体实际相结合，产生了毛泽东思想和中国特色社会主义理论体系，“三个代表”重要思想是中国特色社会主义理论体系的重要组成部分，是对马克思列宁主义、毛泽东思想的坚持和发展，是马克思主义中国化的重大理论成果。

第二节 与时俱进的科学体系

“三个代表”重要思想的形成，表明我们党对共产党执政规律、社会主义建设规律和人类社会发展规律的认识，达到了新的理论高度，开辟了马克思主义发展的新境界。

“三个代表”重要思想的形成，不仅表明我们党在理论的自觉性和实践的主动性上达到了一个新的高度，而且在马克思主义和科学社会主义发展史上也是具有重大意义的事情。“三个代表”重要思想紧密结合新的时代条件，生动而具体地坚持和发展了马克思主义，赋予马克思主义新的鲜活力量，再一次有力地证明马克思主义基本原理仍然是我们正确认识和运用人类社会发展规律的锐利思想武器。“三个代表”重要思想是与时俱进的科学体系，是坚持和发展马克思主义的典范。

一、“三个代表”重要思想坚持了马克思主义的世界观和方法论，并予以创造性运用

辩证唯物主义和历史唯物主义的世界观和方法论，是马克思主义最根本的理论特征。马克思主义坚持从社会物质生产，特别是生产力和生产关系的矛盾运动来解释世界，把生产力作为推动社会前进最活跃、最革命的力量，认为生产力的总和决定着社会状况。

始终代表中国先进生产力的发展要求，是对马克思主义关于生产力和生产关系、经济基础和上层建筑的辩证关系这一基本原理的运用和阐发；始终代表中国先进文化的前进方向，是对马克思主义关于物质生活和精神生活、社会存在和社会意识的辩证关系这一基本原理的运用和阐发；始终代表中国最广大人民的根本利益，是对马克思主义关于人民群众是推动历史前进的动力这一基本原理的运用和阐发。

把发展先进生产力和先进文化、实现最广大人民的根本利益同坚持党的先进性联系在一起，上升到党的性质和宗旨的高度，上升到党的指

导思想的高度，构成一个完整的体系，这是当代中国共产党人对辩证唯物主义和历史唯物主义的创造性运用和发展。“三个代表”重要思想既坚定不移地坚持了马克思主义的世界观和方法论，又赋予它们鲜明的时代精神和实践要求。

二、为我们坚持马克思主义的最终奋斗目标提供了新的理论基础

实现物质财富极大丰富、人民精神境界极大提高、每个人自由而全面发展的共产主义社会，是马克思主义最崇高的社会理想。“三个代表”重要思想强调树立共产主义的远大理想和坚定信念，同时强调共产主义只有在社会主义社会充分发展和高度发达的基础上才能实现，实现共产主义是一个非常漫长的历史过程，要立足我国正处于并将长期处于社会主义初级阶段这个实际，脚踏实地地为实现党在现阶段的基本纲领而不懈努力。

在我国社会主义初级阶段，我们党作为执政党的根本任务就是发展生产力，发展是我们党执政兴国的第一要务。发展是以经济建设为中心、经济政治文化相协调的发展，是促进人与自然相和谐的可持续发展。中国共产党人要坚持以兴国为己任、以富民为目标，走适合中国国情的社会主义发展道路，经过长时期的努力，不断使经济更加发展、民主更加健全、科教更加进步、文化更加繁荣、社会更加和谐、人民生活更加殷实，不断促进人的全面发展，不断向党的最终目标迈进。

忘记远大理想而只顾眼前就会失去方向，离开现实工作而空谈远大理想就会脱离实际。“三个代表”重要思想既鲜明地坚持了马克思主义的社会理想，同时又为在锲而不舍的努力中不断朝着实现共产党人的远大理想和最终目标胜利前进指明了现实途径。

三、坚持人民立场，提出了新的理论要求

马克思主义政党的一切理论和奋斗都应致力于实现最广大人民的根本利益，这是马克思主义最鲜明的政治立场。“三个代表”重要思想强调中国共产党是中国工人阶级的先锋队，同时是中国人民和中华

民族的先锋队，是中国特色社会主义事业的领导核心。建设中国特色社会主义的根本目的是不断实现好、维护好、发展好最广大人民的根本利益，党的理论、路线、方针、政策和各项工作必须以符合最广大人民的根本利益为最高衡量标准。必须坚持实践第一的观点，以最广大人民的实践为理论创新的源泉，以实现最广大人民的根本利益为理论创新的目的。

这些重要理论观点，适应我们党的历史地位和执政条件的发展变化，适应我国人民利益要求和社会结构的发展变化，为我们在新的时代条件下更好地坚持马克思主义的政治立场提出了全面要求。

四、坚持与时俱进，为推进理论创新打开了新的理论视野

坚持一切从实际出发，理论联系实际，实事求是，在实践中检验真理和发展真理，是马克思主义最重要的理论品质。这种与时俱进的理论品质，是160多年来马克思主义始终保持蓬勃生命力的关键所在。“三个代表”重要思想强调实践没有止境，创新也没有止境，党的全部理论和工作要体现时代性，把握规律性，富于创造性。

“三个代表”重要思想创造性地运用马克思列宁主义、毛泽东思想，特别是邓小平理论，紧密结合新的实践，提出了关于建立社会主义市场经济体制的思想，关于公有制为主体、多种所有制经济共同发展是我国社会主义初级阶段的基本经济制度的思想，关于按劳分配为主体、多种分配方式并存的思想，关于实行全方位对外开放战略的思想，关于社会主义物质文明、政治文明和精神文明协调发展的思想，关于正确处理改革发展稳定的思想，关于建设社会主义法治国家的思想，关于依法治国和以德治国相结合的思想，关于走中国特色的精兵之路的思想，关于巩固党的阶级基础和扩大党的群众基础的思想，等等。这些都是对马克思主义理论的重大贡献。

五、把握好“三个代表”重要思想同马克思列宁主义、毛泽东思想和邓小平理论既一脉相承，又与时俱进的特征

“三个代表”重要思想既坚持马克思主义基本原理，又不从书本、概念和抽象的原则出发，而是一切从实际出发，深刻总结实践创造的新鲜经验并上升到理论，在推动马克思主义的发展中卓有成效地坚持了马克思主义，在许多重大方面丰富和发展了马克思主义。

这也为我们提供了重要启示：理论创新必须以坚持马克思主义基本原理为前提，否则就会迷失方向，走上歧途；而坚持马克思主义又要以根据实践的发展不断推进理论创新为条件，否则马克思主义就会丧失活力，就不能很好地坚持下去。最广大人民改造世界、创造幸福生活的伟大实践，是理论创新的动力和源泉。脱离了人民群众的实践，理论创新就会成为无源之水，就不能对人民群众产生感召力，就不能对实践发挥指导作用。学习“三个代表”重要思想，既要全面把握它同马克思列宁主义、毛泽东思想和邓小平理论一脉相承的特征，也要全面把握它在继承前人基础上不断与时俱进的特征。

第三节　实现全面建设小康社会宏伟目标的根本指针

新的时代呼唤新的理论，新的理论指导新的实践。我们党在指导思想上的与时俱进，都产生于党和人民事业发展的实践进程中，也都是为党和人民事业发展的现实需要服务的。

在毛泽东思想指引下，我们党团结带领人民取得了新民主主义革命的伟大胜利，并取得了社会主义革命和建设的巨大成就。在邓小平理论指引下，我们党团结带领人民取得了改革开放和现代化建设的伟大成就，成功走出了中国特色社会主义的新道路。没有毛泽东思想的正确指引，就没有中国革命的胜利和社会主义基本制度的确立。没有邓小平理论的正确指引，就没有改革开放和建设中国特色社会主义新道路的开辟。“三个代表”重要思想是面向21世纪的中国化的马克思主义，是指引全党全国人民为实现新世纪新阶段的发展目标和宏伟蓝图而奋斗的根本指针。

一、全面建设小康社会面临的重大课题

全面建设小康社会，这个宏伟目标令人振奋又十分艰巨。在实现这个目标的征程中，我们党和国家将长期面对以下 3 个重大课题：

一是要科学判断和全面把握国际形势的发展变化，正确应对世界多极化和经济全球化以及科技进步的发展趋势，妥善处理影响世界和平与发展的各种复杂和不确定因素，抓住和用好重要战略机遇期，在日益激烈的综合国力竞争中牢牢掌握加快我国发展的主动权。

二是要科学判断和全面把握我国将长期处于社会主义初级阶段的基本国情，正确认识和妥善处理人民日益增长的物质文化需要同落后的社会生产这一主要矛盾，紧紧抓住经济建设这个中心不动摇。正确处理好改革发展稳定的关系，推动物质文明、政治文明和精神文明协调发展，不断增强综合国力，逐步实现全体人民的共同富裕。

三是要科学判断和全面把握我们党所处的历史方位和肩负的历史使命，正确认识和妥善处理党在改革开放和发展社会主义市场经济条件下执政遇到的新情况新问题。以改革的精神加强和改进党的建设，不断提高党的领导水平和执政水平，增强拒腐防变和抵御风险的能力，始终成为团结带领人民建设中国特色社会主义的领导核心。

能否解决好这三个重大课题，关系我们党和国家的前途命运，关系全面建设小康社会的成败。

二、“三个代表”重要思想提供了科学理论和科学方法，指明了方向

首先，“三个代表”重要思想系统概括了我们党对社会主义建设规律的探索成果，准确预测了现代化建设的发展趋势，科学规划了中国特色社会主义发展的宏伟蓝图和一整套发展战略。坚持贯彻“三个代表”重要思想，始终把发展作为党执政兴国的第一要务，把创新作为党必须长期坚持的治党治国之道，把不断改善人民生活作为处理改革发展稳定

关系的重要结合点。要坚持四项基本原则，坚持改革开放，聚精会神搞建设、一心一意谋发展，这样我们就能经过不懈努力实现既定的发展目标。

其次，“三个代表”重要思想依据改革开放和现代化建设的新实践，紧紧把握我国社会生活和社会结构的深刻变化，对建设中国特色社会主义的依靠力量作出了科学判断。坚持贯彻“三个代表”重要思想，始终认为包括知识分子在内的工人阶级、广大农民是推动我国先进生产力发展和社会全面进步的根本力量。在社会变革中出现的新的社会阶层，是中国特色社会主义事业的建设者。最广泛最充分地调动一切积极因素，妥善处理各种利益关系和社会矛盾，切实维护社会稳定，形成全体人民各尽其能、各得其所而又和谐相处的局面，我们就能集聚起推进事业发展的强大力量。

再次，“三个代表”重要思想全面审视当今世界格局的变化，准确判断国际形势的发展趋势，深刻分析国际社会各种力量和矛盾的交互运动，提出了我国外交工作的战略策略方针。坚持贯彻“三个代表”重要思想，始终奉行独立自主的和平外交政策，高举和平与发展的旗帜，维护世界多样性，促进世界多极化和国际关系民主化，推动建立公正合理的国际政治经济新秩序，我们就能不断为我国现代化建设营造和平的国际环境和良好的周边环境。

最后，“三个代表”重要思想把党的建设新的伟大工程同中国特色社会主义伟大事业紧密联系起来，赋予党的性质、宗旨、指导思想和任务以丰富的时代内容，确定了党的建设的总体部署。坚持贯彻“三个代表”重要思想，以加强党的执政能力建设为重点，不断提高党的创造力、凝聚力和战斗力，不断巩固党的阶级基础和扩大党的群众基础，我们党就能在世界形势深刻变化的历史进程中始终走在时代前列，在应对国内外各种风险考验的历史进程中始终成为全国人民的主心骨，在建设中国特色社会主义的历史进程中始终成为坚强的领导核心。

“三个代表”重要思想的重大现实意义，首先在于这一重要思想提出的现实针对性。“三个代表”重要思想这一治国理政和治党兴国思想要解决的问题，正是我们今天致力于解决的问题，因此，“三个代表”重要思想对于我们今天的实践，有着重大的现实指导意义。另外，其重大意义，还在于这一重要思想所包含的丰富内容、科学内涵和精神实质，对于我们今天树立和落实科学发展观，构建社会主义和谐社会，提供了科学指南和理论基础。

三、指引全党全国人民实现宏伟蓝图的根本指针

以江泽民为主要代表的中国共产党人，在形成和创立“三个代表”重要思想的过程中，毫不动摇地坚持邓小平的发展理论。同时既努力纠正邓小平同志指出的“一手比较硬、一手比较软”的“失误”，又不断从新的实践出发，提出了一系列具有时代特点的新观点新思想。

江泽民强调，发展是我们党执政兴国的第一要务，要毫不动摇地坚持以经济建设为中心，同时要坚持经济、政治、文化协调发展，物质文明、政治文明、精神文明相互促进，推动社会全面进步；要不断深化经济体制改革，建立和完善社会主义市场经济体制，坚持和完善公有制为主体、多种所有制经济共同发展的基本经济制度，在充分发挥市场机制的同时健全宏观调控体系，保证国民经济持续、快速、健康发展；要实现经济结构的战略性调整和经济增长方式的转变，实施科教兴国战略和国家知识创新体系，提高自主创新能力，把经济建设转到依靠科技进步和提高劳动者素质的轨道上来，迎接科技革命和知识经济的挑战；要把经济发展同人口、资源、环境问题结合起来，实施可持续发展战略；要进一步促进区域经济协调发展，有条件的地方应率先基本实现现代化，同时要加快中西部地区发展，实施西部大开发战略；要高度重视农业、农村、农民问题，积极探索扶持、保护、促进农业发展的新机制新办法，坚持开发式扶贫的方针；要积极稳妥

地推进政治体制改革，发展社会主义民主政治，实施依法治国的基本方略，建设社会主义法治国家，巩固和发展民主团结、生动活泼、安定和谐的政治局面；要发展社会主义先进文化，弘扬民族精神，把“三个面向”与“民族的科学的大众的社会主义文化”统一起来，建设中国特色社会主义文化；要把改革的力度、发展的速度和社会可承受的程度有机地统一起来，正确处理改革、发展、稳定的关系；要以宽广的眼光观察世界，世界的大转折就是中国的大机遇，同时要提高承受和抵御各种风险的能力；要分三步走实现邓小平提出的第三步发展战略，特别是要紧紧抓住21世纪头20年这一重要战略机遇期，全面建设惠及十几亿人口的更高水平的小康社会；要把实现好、维护好、保障好人民群众的根本利益作为我们工作的出发点和归宿，统筹兼顾好各方面群众的利益关系，关注困难群众的生产和生活问题，最广泛最充分地调动一切积极因素，实现人的全面发展。

这些思想、观点丰富和发展了中国特色社会主义理论，是我们必须长期坚持的指导思想。“三个代表”重要思想是面向21世纪的中国化的马克思主义，是指引全党全国人民为实现新世纪新阶段的发展目标和宏伟蓝图而奋斗的根本指针。

第四节　落实科学发展观，实现伟大中国梦的重要理论基础

上一节列举的江泽民关于发展问题的重大观点，其基本要求就是科学发展观和构建社会主义和谐社会等重大战略思想。这些重大观点和重大战略思想告诉我们，执政的中国共产党人要在新的历史条件和时代背景下，全面推进中国特色社会主义的发展，必须始终代表中国先进生产力的发展要求，代表中国先进文化的前进方向，代表中国最广大人民的根本利益。

一、“三个代表”重要思想对加强党的执政能力和先进性建设，提供了科学的理论指南

“三个代表”重要思想，研究和解决的重点是执政党建设问题。“三个代表”重要思想提出的治党之策，对马克思主义党的学说和党的建设理论作出了重大的贡献。

为什么要突出党的先进性这一问题呢？这是因为，党的先进性是党的性质的集中体现。江泽民指出，我们党要始终成为中国工人阶级的先锋队，同时成为中国人民和中华民族的先锋队，成为中国先进生产力的发展要求、中国先进文化的前进方向和中国最广大人民的根本利益的忠实代表，成为建设中国特色社会主义事业的领导核心。这一重要论断已经作为党的性质的最新表述，写入我们的党章。这里提出的“两个先锋队”，既总结了我们党的历史经验，又体现了执政党的特点和要求，对于我们在21世纪巩固和增强党的执政基础，保持和提高党的先进性，具有重要的意义。

江泽民还强调，看一个政党是否先进，是不是工人阶级先锋队，主要应看它的理论和纲领是不是马克思主义的，是不是代表社会发展方向，是不是代表最广大人民的根本利益。因此，我们不仅要求党员在组织上入党，而且要求党员首先在思想上入党，为实现党的纲领和任务而奋斗，这样才能保持党的先进性。

党的十六大以后，党中央根据这一重要思想，提出了“加强党的先进性建设”的新命题，强调党的先进性既不是与生俱来的，也不是一劳永逸的，要靠我们通过“建设”来完善和实现。不仅部署了先进性教育活动，而且提出了要建立保持共产党员先进性的长效机制问题，很有意义。

二、“三个代表”重要思想要求改革和完善党的领导方式和执政方式

“三个代表”重要思想联系世界社会主义运动包括我国社会主义政

治发展的历史经验，总结改革开放以来的新鲜经验，强调改革、完善党的领导方式和执政方式，这对推进社会主义民主政治建设具有全局性作用。这是一个非常深刻且意义深远的见解。根据这样一种新思路，在处理党政关系问题上，江泽民提出了总揽全局，协调各方的原则；在处理党内各种关系时，强调党内民主是党的生命，要坚持和完善民主集中制，并指出党内民主对人民民主具有重要的示范和带动作用；在处理党与人民群众、干部与人民群众关系的问题上，强调脱离群众是执政党的最大危险，党要把实现好人民群众的利益作为一切工作的出发点和归宿，要自觉地接受群众的监督，持续地反对腐败，进一步密切党同人民群众的血肉联系。

科学发展观等重大战略思想，是同邓小平理论和“三个代表”重要思想关于发展问题的科学思想一脉相承的，并直接从那里继承下来的。“三个代表”重要思想，对于坚持科学发展观，努力实现伟大的中国梦具有重大的指导性。这也是这一重要思想在今天的现实意义。根据这一思想和党的十八大的要求，近日中央已决定，要围绕保持党的先进性和纯洁性，在全党深入开展以“为民务实清廉”为主题的党的群众路线教育实践活动，着力解决人民群众反映强烈的突出问题，提高做好新形势下群众工作的能力。这是新时期加强和改进党的建设的又一项创举。

三、树立“三个代表”重要思想这一强大精神支柱，确立其指导地位

“三个代表”重要思想在深化对共产党执政规律的认识中，对马克思主义党的建设理论作出了重大的贡献，形成了具有中国特色的执政党建设理论。“三个代表”重要思想的精神实质是围绕执政为民这一本质要求，在与时俱进中保持党的先进性。这是“三个代表”重要思想的“根本要求”。

要把“三个代表”重要思想作为我们宝贵的精神财富倍加珍惜，

作为我们根本指导方针长期加以坚持，作为我们认识世界、改造世界的强大理论武器认真运用。要围绕执政为民这一本质要求，在与时俱进中始终坚持党的先进性。并牢固树立“三个代表”重要思想这一强大精神支柱，牢固确立“三个代表”重要思想在一切工作中的指导地位。

总之，全面贯彻落实“三个代表”重要思想，关系党和国家工作的全局，关系实现全面建设小康社会的宏伟目标，关系中华民族的伟大复兴，关系中国特色社会主义事业的长远发展。“三个代表”重要思想反映了我国最广大人民的共同意愿，体现了当今世界和中国发展的时代精神，显示了马克思主义科学理论的强大力量，是全党全国人民在新世纪新阶段继续团结奋斗的共同思想基础。

我们学习、研究和领会“三个代表”重要思想是怎样继承和发展马克思主义的，不仅要了解“继承和发展”的成果，更要总结“继承和发展”的经验。只有这样，才能在学习贯彻“三个代表”重要思想中，真正在认识上达到新的高度，在实践中取得新的成效。

不难发现，党的十六大、十七大和十八大以来党中央提出的科学发展观和构建社会主义和谐社会等重大战略思想，都是同邓小平理论和“三个代表”重要思想关于发展问题的科学思想一脉相承的，并直接从那里继承下来的。同时也不难理解，深入学习和贯彻“三个代表”重要思想，对于我们今天紧密团结在以习近平同志为总书记的党中央周围，全面贯彻落实党的十八大确定的大政方针的重要性，这也正是“三个代表”重要思想在今天所具有的重大现实指导意义。

参考文献

一、著作类

1．江泽民．论“三个代表”［M］．北京：中央文献出版社，2001.

2．江泽民．江泽民文选［M］．北京：人民出版社，2006.

3．江泽民．全面建设小康社会，开创中国特色社会主义事业新局面［M］．北京：人民出版社，2002.

4．江泽民．江泽民论有中国特色社会主义《专题摘编》［M］．北京：中央文献出版社，2002.

5．毛泽东．毛泽东选集［M］．北京：人民出版社，1991.

6．王向明．中国共产党的历史地位与三个代表重要思想［M］．北京：中国人民大学出版社，2007.

7．江泽民《论“三个代表”》学习导读［M］．北京：红旗出版社,2001.

8．江泽民《论“三个代表”》学习讲解［M］．北京：中共中央党校出版社，2001.

9．“三个代表”重要思想研究述评［M］．北京：中国人民大学出版社，2006.

二、网络

1．胡锦涛．在“三个代表”研讨会上的重要讲话［EB/OL］．http：//www. people. com. cn/GB/shizheng/1024/1946147. html2003. 7. 1.

2. 胡锦涛. 在学习《江泽民文选》报告会上的讲话［EB/OL］. http：//cpc. people. com. cn/GB/64093/64094/4705830. html. 2006. 8. 15.

三、期刊

1. 雒树刚. “三个代表”重要思想的科学内涵和精神实质［J］. 理论学习，2004（3）.

2. 顾海良. 博大精深、与时俱进的科学理论体系［N］. 人民日报，2005. 08. 24（9）.

3. 张理海，徐自军. 论“三个代表”的实践基础［J］. 西安政治学院学报，2004（2）.

4. 桑学成. 论“三个代表”重要思想的精神实质是永葆党的先进性［J］. 政治学研究，2002（2）.

5. 王炳林，于昆. 论“三个代表”重要思想的精神实质［J］. 高校理论战线，2005（11）.

6. 刘俊昌，邵维正. “三个代表”重要思想的科学依据［J］. 北京党史，2003（4）.

7. 李慎明. 准确理解“三个代表”重要思想的科学内涵［J］. 中国社会科学院院报，2006. 9. 12（3）.

8. 中央社会主义学院理论学习中心组. 论“三个代表”重要思想的历史地位［J］. 中央社会主义学院学报，2003（6）.

9. 李君如. 学习《江泽民文选》的现实意义. 马克思主义理论研究和建设工程参考资料. 2010（12）.

10. 冷溶. “三个代表”思想与第三代领导集体的理论创新［J］. 湖南社会科学，2001（4）.

11. 纪伟昕. 江泽民党建理论创新的总体思路研究［D］. 中共中

央党校博士学位论文，2004．6．

12．汪更林．论“三个代表”重要思想的科学体系［D］．西北师范大学硕士学位论文，2008．6．

13．杨琳莉．江泽民党情认识思想研究［D］．广西大学硕士学位论文，2012．6．

14．王作清．“三个代表”重要思想科学内涵初步研究［D］．天津师范大学博士学位论文，2003．5．